Gialli italiani

Roberta Bruzzone - Laura Marinaro

Yara

Autopsia di un'indagine

Prefazione di
Marina Baldi

MURSIA

Immagine di copertina: © Anna Om/Shutterstock.com; © MiniStocker/Shutterstock.com.

www.mursia.com

II edizione 2023

Stampato da Fotlito 73 grafic s.r.l. - Borghetto Lodigiano (Lodi)

A Yara,
per amore di Giustizia e Verità

Prefazione

La drammatica storia di Yara Gambirasio è probabilmente il caso giudiziario che maggiormente ha colpito l'Italia per la sua complessità e per la diffusione mediatica. La piccola Yara, di 13 anni, scompare misteriosamente il 26 novembre 2010.

Questa scomparsa è stata il punto di partenza di una lunga e complicata indagine da parte delle forze dell'ordine italiane, che ha attirato l'attenzione dei media e del pubblico per molti anni. Il ritrovamento del suo corpo, tre mesi dopo la sua scomparsa, ha portato alla scoperta di prove che hanno condotto all'arresto e alla condanna dell'assassino, Massimo Giuseppe Bossetti.

Infatti, sugli indumenti intimi della ragazzina è stato isolato un campione di Dna maschile ignoto che, attraverso una complessa analisi condotta sul cromosoma Y della popolazione della zona, è stato attribuito ad un figlio illegittimo del defunto Giuseppe Guerinoni e poi, in seguito, attraverso la comparazione del Dna mitocondriale con le donne che si erano trovate in quei luoghi e in quegli anni si è identificata anche la madre di Bossetti. Il cerchio era chiuso, e partendo da un profilo ignoto si era giunti all'identificazione di una persona che era in quei luoghi e non un estraneo qualsiasi. La vicenda giudiziaria è stata molto complessa ed articolata, anche per aspetti diversi dalla genetica, tanto che una parte dell'opinione pubblica è tutt'oggi molto confusa e dubbiosa sulla qualità delle indagini effettuate.

Questo libro, con lo stile concreto e incalzante di Roberta Bruzzone, si pone l'obiettivo, con la giornalista d'inchiesta Laura Marinaro, di chiarire la vicenda processuale una volta per tutte, con la disamina precisa e accurata degli atti processuali, così come Roberta e Laura ci hanno abituato a studiare con libri e articoli puntuali e veritieri.

Infatti, nonostante la conclusione della vicenda giudiziaria, il caso di Yara Gambirasio ha sollevato sempre dubbi e interesse.

Si è discusso sull'efficacia delle indagini iniziali da parte delle forze dell'ordine. La circostanza del ritrovamento del cadavere dopo tre mesi e in modo fortuito, malgrado le ricerche fossero svolte a tappeto, ha suscitato molte domande riguardo alle modalità delle ricerche e alla capacità delle forze dell'ordine di trovare le prove necessarie per risolvere il caso.

Un'altra criticità ha riguardato la gestione dei media. Il caso ha ricevuto una copertura mediatica molto ampia, con numerosi giornalisti che hanno seguito ogni dettaglio della vicenda sia della carta stampata che degli altri media. Questa copertura ha spesso superato i limiti della deontologia giornalistica, e ciò ha portato a credere che ci fossero state pressioni sulla magistratura e sull'opinione pubblica. Sappiamo che non è stato così.

Questo libro è stato scritto proprio per chiarire, carte alla mano e una volta per tutte, ogni dubbio e perplessità.

Se ne verrà fuori, alla fine, con la consapevolezza di ciò che è realmente successo e che per una volta Giustizia è stata fatta sul serio.

Buona lettura!

MARINA BALDI

Biologa e specialista in Genetica medica e forense, consulente tecnico in numerosi procedimenti civili e penali, e perito di Tribunale.

YARA È SCOMPARSA

Yara Gambirasio, 13 anni, studentessa residente in via Rampinelli 48 a Brembate di Sopra, scompare il 26 novembre 2010. Era andata a piedi, percorrendo circa 700 metri, da casa alla palestra dove si allenava con la sua società di ginnastica ritmica. Un centro sportivo abbastanza esteso dove si trova anche una piscina, un campo da calcio e da basket e varie palestre con un parcheggio esterno tra via Rampinelli, via Morlotti e via Locatelli. La giovane esce dalla palestra qualche minuto dopo le 18.45. Il suo cellulare risulta spento dopo le 19.55, quando la sua cella aggancia quella del vicino paese di Mapello. La mamma Maura Panarese e il papà Fulvio Gambirasio hanno già lanciato l'allarme prima delle 20. Per tre mesi il paese e non solo si mobilita alla ricerca della ragazzina, e vengono messe in campo tutte le forze disponibili. L'indagine viene affidata a Letizia Ruggeri e ai Carabinieri di Bergamo, in seguito coadiuvati dal Ros, reparto crimini violenti, e dalla Polizia di Stato. Il 5 dicembre 2010, a bordo di una nave diretta a Tangeri viene fermato ed indagato l'operaio marocchino Mohamed Fikri, che lavora in un cantiere edile di Mapello, dove i cani molecolari sembra abbiano rilevato l'ultima traccia di Yara. L'operaio è incriminato per un'intercettazione telefonica ambientale nella sua lingua, rivelatasi poi priva di valore a causa di una traduzione errata. La sua posizione verrà archiviata.

La svolta il 26 febbraio 2011, quando un aeromodellista

della zona, Ilario Scotti, si reca in un campo di Chignolo d'Isola a pochi chilometri da Brembate per far volare uno dei suoi modellini. L'oggetto cade e lui va a recuperarlo, incorrendo nel povero cadavere di Yara. A quel punto le indagini sono scientifiche. Sul cadavere, in particolare sugli slip e sui leggins della piccola, in corrispondenza di alcuni tagli, viene trovato un Dna maschile ignoto, un profilo genetico leggibile e di ottima qualità, detto Ignoto 1 appunto. Secondo la Procura è la «firma» dell'assassino. Per trovare il proprietario di quel profilo vengono mappati 22.000 Dna in zona e non solo. Ma in realtà all'uomo si arriva anche con un'indagine tradizionale fatta di conoscenze, testimonianze, intuizioni e tanto lavoro. Dai controlli sui circa tremila frequentatori della discoteca Sabbie Mobili, che si trovava proprio a ridosso del campo di Chignolo, emerge un giovane, Damiano Guerinoni di Brembate, che ha un profilo simile a quello di Ignoto 1. Lui per quella sera ha un alibi, visto che era in Perù, ma a quel punto si cercano tutti i suoi parenti maschi e si arriva in Val Seriana. Tra Parre e Gorno, si trova infatti il «fratellastro» del padre di Ignoto 1 e quindi il padre, purtroppo deceduto nel 1997. In seguito spiegheremo nel dettaglio. Ignoto 1 è figlio illegittimo di quel padre. Si cerca dunque la madre. Solo il 16 giugno 2014 si arriva a «matchare» i due profili ed emerge la certezza che quel Dna nucleare su Yara è di Massimo Giuseppe Bossetti, 43 anni muratore di Mapello incensurato. L'uomo, che ha moglie e tre figli piccoli, viene sottoposto ad un alcol test con cui viene prelevato il suo Dna e dopo il confronto positivo con Ignoto 1 viene arrestato. Non confesserà mai. Il 1° luglio 2015 inizia il processo di primo grado davanti alla Corte d'Assise di Bergamo per omicidio volontario aggravato da sevizie e calunnia nei confronti di un collega, tale Massimo Maggioni, che Bossetti aveva accusato di essere l'assassino. Claudio Salvagni e Paolo Camporini sono i suoi difensori. Il primo che sostituirà l'avvocato d'ufficio Silvia Gazzetti (che aveva deciso di lasciare la difesa per incompatibilità con la linea difensiva), il secondo che era presidente della camera penale di Como. La Ruggeri sostiene l'accusa. Papà e mamma di Yara con la sorella Keba sono parte civile con i legali Andrea Pezzotta ed Enrico Pelillo. Il processo è seguito da tutti i media italiani e persino da giornalisti stranieri, in particolare la BBC, che realizzerà un documentario. La Corte inizialmente respinge la richiesta dei colleghi delle tv di portare in aula le telecamere e quindi impone a tutti i cronisti di entrare dopo i controlli senza registratori, telefonini e altro. Solo con il taccuino. La maggior parte seguirà le indicazioni. Qualcuno no e verrà estromesso dall'aula.

La percezione che si è avuta di quel processo è sempre risultata fortemente contraddittoria perché le narrazioni sono sempre state due e del tutto inconciliabili: quella proposta dalla difesa e quella riferita dai cronisti, che sono stati (davvero) in aula, e dai giudici nelle sentenze di condanna. La spaccatura tra innocentisti e colpevolisti verrà alimentata proprio da questa netta spaccatura, tanto palese quanto strumentale. La maggior parte dell'opinione pubblica inizierà a schierarsi da una parte o dall'altra, spesso affidandosi a mere «sensazioni» del tutto decontestualizzate. Ma i giudici, in aula, hanno ascoltato il linguaggio delle tracce, poi divenute prove, e i dubbi si sono dissolti, udienza dopo udienza.

Purtroppo, però, solo una parte di quanto è davvero accaduto in aula è arrivato all'opinione pubblica che ancora oggi, non avendo competenze tecniche, non avendo letto bene le motivazioni delle sentenze, annebbiata da un certo «complottismo» televisivo, continua a chiedersi se in carcere ci sia davvero l'assassino di Yara. Per questo motivo, per cercare una volta per tutte di fugare quel (assai irragionevole) dubbio, racconteremo come si è svolto quel processo, momento per momento.

Capitolo Primo

Autopsia di un'indagine coraggiosa

Il processo da molti atteso a Massimo Giuseppe Bossetti entra nel vivo a settembre 2015, quando vengono sentiti i primi testimoni e in particolare Fulvio Gambirasio e Maura Panarese, i genitori di Yara costituiti parte civile insieme ai figli Keba, Nathan e Gioele con gli avvocati bergamaschi Enrico Pelillo e Andrea Pezzotta.

A questo punto, nella nostra narrazione, ci piacerebbe guidare il lettore nell'analisi della vittima, nella cosiddetta «vittimologia», una parte della criminologia fondamentale per partire in qualsiasi indagine. Ed è quella che fecero già i Carabinieri della stazione di Ponte San Pietro, che per primi ricevettero alle 20.30 del 26 novembre 2010 la denuncia di papà Fulvio, allertato precedentemente dalla moglie. Maura Panarese, la mamma, aveva salutato Yara poco dopo le 17 e l'attendeva di ritorno a casa per le 18.45. Ed era stata lei a dare l'allarme per prima, perché la piccola non era rientrata a casa. Era anche corsa in palestra per cercarla, ma senza esito. Dalle deposizioni della mamma e del papà di Yara in aula, l'11 settembre 2015, possiamo comprendere molto di chi fosse quella semplice e «normalissima» adolescente, che stava sbocciando come un fiore e che ne aveva tutti i diritti. Ma che purtroppo è stata recisa per sempre.

Chi era Yara?

Maura e Fulvio sono sempre state persone molto riservate, dalla vita normale e specchiata. Yara è la loro seconda figlia, due anni più giovane di Keba. Ci sono poi Natan e Gioele che ai tempi della tragedia avevano meno di 10 anni. La mamma Maura Panarese fa l'educatrice in un asilo nido di Bergamo Alta e nel pomeriggio si dedica ai figli e agli impegni sportivi di tutti. Si occupa anche come segretaria volontaria della società Polisportiva di Brembate, all'interno della quale si allenano Keba e la piccola Yara, appassionata di ginnastica ritmica. Maura è una donna molto semplice anche nel modo di vestirsi e di acconciarsi: sportiva e silenziosa, a volte persino talmente dimessa da risultare antipatica. Si vede che per lei le cose importanti della vita sono la famiglia e i figli. Arriva in aula in un caldo giorno di settembre insieme al marito Fulvio indossando pantaloni bianchi e maglietta rosa. Silenziosa, come sin dal giorno della sparizione della figlia, evita tutti, soprattutto noi giornalisti. Si siede sul banco dei testimoni. Capelli corti, nemmeno un filo di trucco. Fino a quel giorno Maura non ha mai fatto mostra del suo dolore in modo plateale, non è nel suo stile. E, come vedremo, non lo farà nemmeno questa volta. Il dolore si legge nei suoi occhi senza che ci sia bisogno di parole. Al processo testimonierà l'amore per la figlia, le sue abitudini, con una voce chiara a tratti rotta dall'emozione, ma calibrata, al punto da sembrare persino «distaccata». Si siede, attende le domande del Pubblico Ministero Letizia Ruggeri ed evita di incrociare lo sguardo dell'imputato. Lui che fa? Sinceramente ho difficoltà a vedere bene, c'è molta gente davanti a me. Ma scorgendo qualche particolare ogni tanto, mi sembra che anche lui non cerchi lo sguardo della donna. Forse lo evita? Poco importa: ascolterà comunque in silenzio la mamma addolorata.

Il PM molto pacatamente ha prima introdotto mamma Maura nella vita di Yara. Le ha fatto raccontare le abitudini della figlia in tutti i giorni della settimana. Abitudini sempre uguali che, come ha ribadito la donna, definivano la vita della piccola svolgersi tra casa, scuola e palestra. Null'altro. Poi ha chiesto se Yara andasse in palestra anche fuori dall'impegno degli allenamenti. E la donna ha risposto di sì perché «a Yara piaceva stare lì con le sue compagne e si rendeva disponibile per aiutare». Una domanda volta a comprendere una volta per tutte che quel venerdì 26 novembre Yara non è andata in palestra ad allenarsi, ma soltanto per portare uno stereo e stare con le sue amiche un'oretta.

«Buongiorno, signora Panarese – esordisce con una voce calma e quasi flebile, per mettere a suo agio, la PM Letizia Ruggeri – ci vuole raccontare quel 26 novembre 2010?»

«Quel 26 novembre Yara aveva ricevuto il pagellino ed era contentissima perché aveva preso voti bellissimi – ricorda Maura. – In classe c'era stato un battibecco tra alcuni suoi compagni e la prof di arte e avevano ricevuto una sorta di ammonimento, ma lei non era preoccupata per quello. Era venuta a casa dopo scuola e si era messa a fare i compiti. In quel periodo si allenava alla Polisportiva dalle 15.30 alle 18 il lunedì e il mercoledì, per cui quel venerdì non avrebbe dovuto andare. Il più delle volte andava a piedi insieme a delle amiche o anche da sola. Quel giorno, dopo che me lo aveva chiesto, ero d'accordo che nel pomeriggio dopo i compiti sarebbe andata in palestra a lasciare uno stereo che serviva per la gara della domenica successiva. Niente di che... Avevamo un rapporto normale, con alcuni litigi come capita a tanti. Yara frequentava solo la scuola, la palestra con ragazzine più piccole di lei e altre più grandi. Negli ultimi due mesi aveva deciso di lasciare il catechismo.»

Il PM chiede: «La bambina aveva abitudini regolari? Ci racconti la settimana tipo».

«Sì, il lunedì si svegliava alle 6.20, alle 7 usciva e prendeva il pullman in via XXV aprile per raggiungere la scuola a Bergamo in via Broseda. Il lunedì terminava alle 12.25 andava a mensa e verso le 13.10 andava alla fermata del bus per venire a casa e poi alle 15.30 palestra. Il martedì uguale, anche se in quel periodo aveva corso di latino quindi la prendevo io da scuola. Il mercoledì tornava a casa in pullman con l'amica Martina Dolci e Chiara Rastelli, mangiavano a casa e poi andavano in palestra. Giovedì andava al controllo dell'apparecchio del dentista in via Sorte e poi stava a casa a studiare. Il venerdì stava a casa o mi chiedeva di andare in palestra mentre il sabato andava a scuola e tornava a casa con il papà di un'amica. La domenica aveva le gare o stavamo insieme. Andava in palestra anche quando non aveva gli allenamenti perché le piaceva, a volte andava anche a fare danza moderna nella palestrina di Zambelli, detto Gnammi, insieme ad altre amiche.»

«Yara frequentava soprattutto suoi coetanei, evitando di rapportarsi con persone più grandi. Frequentava la Polisportiva di Brembate, le sue amiche erano prevalentemente ragazzine coetanee o di poco più grandi di lei.»

Insomma a detta di sua madre, la sua era una vita tutta scuola, casa e palestra: quando l'avvocato di Bossetti Paolo Camporini le ha parlato di una «panchina chiacchierata» dove i giovani di Brembate di Sopra si riunivano poco lontano dalla palestra frequentata da Yara, mamma Maura ha negato che Yara incontrasse i suoi amici in quel luogo. Anche perché negli ultimi mesi del 2010 l'area dove si trovava quella «panchina chiacchierata» secondo la signora Panarese era chiusa. Inoltre non frequentava persone più grandi. «Ha mai visto Bossetti, signora?», le ha chiesto la Ruggeri. «Non l'ho mai visto in giro. Il giorno dell'arresto io e mio marito quando abbiamo visto il volto in tv ci siamo chiesti chi fosse.»

«Ci aiuta a ricordare quel 26 novembre?»

«Quel giorno io ho terminato di lavorare alle 12.45 e sono passata da scuola di Yara per prenderla e portarla a casa insieme all'amica Federica Lauro. Dopo pranzo verso le 14.10 io sono uscita per commissioni e ho lasciato Yara a fare i compiti d'accordo che quando avrebbe finito avrebbe potuto portare lo stereo in palestra. Alle 16.40 sono tornata a casa e Yara stava ancora studiando. Alle 17.15 ha preso lo stereo e ha detto che sarebbe uscita. L'ultima volta che vidi Yara (nel pronunciare il nome della figlia Maura sorride) e mi parlò mi chiese: "Mamma, abbiamo un sacchetto?" e io risposi: "Figurati se guardano tutti te che porti lo stereo". Prima di andare fece merenda con qualche oliva. A pranzo aveva mangiato del petto di pollo con i piselli. Uscendo di casa Yara indossava un paio di leggings neri e la maglietta azzurra della Federazione Ginnastica Italiana e un paio di

All Star nere e la coda di cavallo. Con sé aveva le chiavi di casa, il cellulare e il lettore Mp3. Mi disse che sarebbe rientrata prima di cena, massimo alle 18.45. In genere era molto puntuale. Io rientrai alle 18.10 dopo aver portato Nathan al centro tennis e mio marito, dopo averlo riportato a casa alle 18.50, era uscito perché aveva una cena con i colleghi. Alle 19.10 non vedendo tornare Yara ho provato a chiamarla, ma dopo tre squilli ha risposto la segreteria. Ho riprovato e nulla. Allora ho chiamato l'insegnante di ritmica Daniela Rossi e lei mi ha detto che era uscita dalla palestra da sola alle 18.30 o poco meno. Ho chiamato allora la reception della piscina per chiedere se era passata a danza moderna, ma niente. Allora ho pensato di andare e Keba mi ha anche detto: "È successo qualcosa?". Io le ho risposto: "Niente". Sono andata in palestra e non c'era, sono passata dalla palestrina di Gnammy sempre al centro sportivo ma niente, allora ho chiamato mio marito e lui è tornato a casa. Poi abbiamo allertato i Carabinieri. Quella sera, dopo aver messo i bambini a letto ho finto di essere tranquilla, ma non lo ero...» Maura raccontando quei momenti di angoscia si è incupita, ma ha cercato di non piangere in aula. E ha spiegato meglio: «Ho chiamato la sua amica Chiara Laboni per chiederle se Yara quel giorno fosse triste per qualche motivo, ma lei mi ha detto solo che in classe quel giorno alcuni compagni sciocchi avevano preso una nota e lei era un po' contrariata, ma non era importante... non riuscivo a capire».

«Sua figlia le aveva mai raccontato di amici particolari o fidanzatini?»

«Certo, so che aveva un bel rapporto con Maurizio Besana e che le piaceva un po', ma niente di importante.»

«Parlavate mai dei pericoli delle ragazze della sua età?»

«Parlavamo di tutto, ultimamente lei era interessata alla Seconda guerra mondiale e alla lotta alla violenza sulle donne. Come sua sorella avevamo parlato della vicenda di Sarah Scazzi, perché ne aveva parlato il telegiornale, e Yara si era chiesta come fosse possibile che succedessero cose del genere. Lei è sempre stata attenta con chi conosceva e non ha mai accettato passaggi da sconosciuti, non lo avrebbe mai fatto.»

La difesa di Bossetti, che ha paventato sin dall'inizio la

versione «alternativa» di Yara vittima di bullismo al femminile in palestra, ha poi chiesto alla mamma se, in riferimento alle perizie informatiche fatte, era vero che Yara avesse fatto una ricerca online sulla violenza sulle donne e che avesse preso in prestito in biblioteca alcuni libri dedicati al fenomeno del bullismo giovanile. «Sì, è vero, ma non credo avesse problemi di questo tipo, lo ha fatto per la scuola, comunque me lo avrebbe detto. Tuttavia Yara è sempre stata molto attenta con le persone che non conosceva. Rifiutava sempre i passaggi in auto. Era di indole molto diffidente.»

Il PM ha poi chiesto a Maura dei guanti che indossava Yara. «Li avevo acquistati io dal negozio Carpisa all'interno dell'Auchan di Bergamo. Sono entrata lì, ho visto fuori dalla vetrina questo paio di guanti. Se non ricordo male era un altro colore rispetto a quello che poi io ho acquistato. E dato che Yara aveva sempre le mani fredde, avevo pensato di farle un regalo per la festa di Santa Lucia. Sono entrata all'interno, oltre alla commessa non c'era nessuno, e ho chiesto di poter vedere i guanti che avevo visto prima in vetrina. Lei me li ha fatti vedere, e mi ha fatto vedere due paia di guanti, uno rosso e uno nero, e alla fine io ho scelto il paio di guanti neri. Però la commessa è andata in uno stanzino dietro il negozio ed è venuta con il paio guanti, che poi io ho acquistato, dentro la bustina di plastica, di cellofan.»

«Quella sera lì abbiamo detto che non ricorda di averglieli visti indossati. Ricorda se li teneva, quella sera, nelle tasche insieme, oppure separati? Aveva delle abitudini?»

«Lei aveva l'abitudine di togliersi i guanti sfilandoseli così, li appallottolava e li metteva insieme in una tasca.»

Un particolare apparentemente senza importanza che va sottolineato perché in seguito la difesa di Bossetti insisterà sulla presenza di due Dna ignoti su quei guanti.

Un passaggio cruciale di vittimologia, sul quale chiediamo alla dottoressa Roberta Bruzzone che idea si è fatta della vittima?

Il profilo della vittima nei casi di rapimento e omicidio di minore solitamente, nella letteratura criminologica internazionale, riassume le seguenti caratteristiche: si tratta di una vittima di razza caucasica, sesso femminile con un'età media di circa 11 anni, proveniente dalla classe socioculturale medio-bassa, che vive in un'area urbana e che ha un buon rapporto con la famiglia d'origine. E nella stragrande maggioranza dei casi non si tratta di una vittima ad alto rischio.

Nel caso di Yara, abbiamo a che fare sicuramente con una cosiddetta vittima a basso rischio. Una bambina in fase prepuberale con pochissimi contatti in rubrica telefonica, con uno stile di vita che gravitava esclusivamente intorno alla famiglia, alle amicizie scolastiche (gruppo dei pari) e alla attività sportiva. Non è emerso alcun contatto potenzialmente malevolo né un atteggiamento particolarmente aperto e fiducioso da parte della bambina nei confronti degli estranei. Per altro Yara quella sera non avrebbe dovuto neppure essere in palestra dal momento che non era turno di allenamento.

La possibilità che Yara potesse essere stata rapita e uccisa da un predatore a lei sconosciuto era certamente la pista investigativa da privilegiare sulla scorta di tale profilo vittimologico. L'elemento fondamentale risultava comunque la scelta di un soggetto con le caratteristiche di Yara che riconduceva a due aspetti di cruciale importanza per gli inquirenti:

– il movente sessuale parafilico (efebofilia) sulla base del profilo vittimologico;
– il coinvolgimento di un cosiddetto child molester regressivo.

Il profilo criminologico del child molester regressivo

Questi soggetti sono caratterizzati da bassa autostima e scarsa capacità di adattamento sociale; solitamente essi arrivano a scegliere un minore come sostituto di un partner sessuale adulto sulla scorta di una serie di sollecitazioni negative che ricevono dal loro ambiente di riferimento e che producono un effetto regressivo sul funzionamento dell'Io. In quel tipo di scenario la relazione con un partner adulto (solitamente preferito dal soggetto) appare fonte d'ansia eccessiva e quindi viene sostituito con un minore, considerato un soggetto decisamente più agevole con cui confrontarsi; l'azione aggressiva può essere scatenata da eventi stressanti e può riguardare anche soggetti minori che fanno parte del nucleo familiare del CM situazionale. Agiscono soprattutto con modalità coercitive e non raramente collezionano materiale pornografico. In questi casi l'omicidio della piccola vittima è decisamente probabile perché il CM non ha sviluppato tecniche e strategie adeguate per garantirsi il silenzio della piccola vittima che viene così uccisa per impedirle di rivelare quanto è accaduto.

Ma torniamo alla deposizione della madre della bambina.

Cruciale è risultato, in particolare, un passaggio della sua deposizione.

PM - Le ha mai riferito di essere stata magari importunata, in precedenza, all'uscita dalla palestra o dalla scuola? Che qualcuno avesse avuto attenzioni nei suoi confronti?

TESTE PANARESE - No.

PM - O sul pullman, sul tragitto da casa a scuola?

TESTE PANARESE - No.

PM - Che Lei sappia durante gli allenamenti di ginnastica ritmica possono accedere, o è capitato, che avessero avuto accesso spettatori all'interno del palazzetto dove le ragazze si allenavano?

TESTE PANARESE - No, nel senso che il regolamento prevede che non ci deve essere nessuno all'interno del palazzetto nel momento degli allenamenti.

PM - Può capitare... magari i genitori che devono andare a prendere le bambine?

TESTE PANARESE - Sì, che entrava il genitore, soprattutto per le bambine piccole che venissero accompagnate fisicamente dal genitore all'interno, ma poi uscivano.

PM - Senta signora, Lei prima di questa circostanza, ha mai visto Bossetti Massimo Giuseppe?

TESTE PANARESE - No.

PM - Non lo ha mai visto?

TESTE PANARESE - No.

PM - Non lo avete mai frequentato?

TESTE PANARESE - No.

PM - Non le è mai capitato di vederlo?

TESTE PANARESE - No.

PM - Le è mai capitato magari di vederlo in paese a Brembate?

TESTE PANARESE - No.

Anche l'avvocato Camporini nel suo controesame ha insistito sulle abitudini di Yara, sul tragitto che compiva per andare in palestra, su cosa facesse in estate e su come fossero i pullman della Sab che Yara prendeva per andare a scuola. Capiremo in seguito che quella domanda si riferiva alle tracce di fibre rosse e blu sui vestiti della bambina che avrebbero potuto essere compatibili con i sedili dei pullman di linea o di quello utilizzato dalla società sportiva. Non risulterà mai una compatibilità totale, ma di sicuro un'alta probabilità che quelle fibre facciano invece parte dei mezzi Iveco Daily come quello di Bossetti.

Camporini ha anche chiesto a Maura: «Capitava mai che Yara accettasse passaggi per tornare a casa dopo la palestra da qualcuno?».

«No», la risposta.

Camporini ha poi puntato sulla pista del presunto bullismo sofferto da Yara.

«La chiamavano Yara Toyota per l'apparecchio che aveva da poco – ha specificato Maura – ma a lei dava fastidio all'inizio, poi le scivolava addosso e non gliene importava nulla...»

TESTE PANARESE - Lei, come la sorella, era rimasta abbastanza impressionata dalla vicenda di Sara Scazzi. Quindi chiedeva com'era possibile che succedessero queste cose.

AVV. CAMPORINI - Quindi può essere collegato a quello. Questa vicenda, questo interesse, l'aveva resa più diffidente nei confronti delle persone? L'aveva resa più timorosa, più attenta?

TESTE PANARESE - Lei è sempre stata molto attenta con le persone che non conosceva, ma anche con le persone che anche soltanto di vista conosceva. Se le passavano davanti e le dicevano: «Yara, ti do un passaggio», lei anche se lo conosceva non saliva.

Il controesame della mamma di Yara da parte dei legali di Bossetti è poi proseguito con domande su tutte le lettere anonime e no ricevute dalla famiglia all'epoca delle indagini. È stato il PM e poi la Corte a tagliare: «Non si può esaminare tutte le piste alternative dell'epoca perché ci vorrebbero venti udienze e comunque tutte risultarono senza esito».

Dopo mamma Maura, nell'udienza successiva del 18 settembre, è stato sentito Fulvio Gambirasio, il papà di Yara. Geometra responsabile di vari cantieri, è un uomo semplice molto attaccato alla famiglia e ai figli, un uomo mite. Quando lo incontri questa è la prima impressione che ti fa. Una persona perbene che non farebbe male ad una mosca e che vive la sua famiglia con normalità. Almeno fino a che la sua vita viene sconvolta dalla scomparsa di Yara «la luce dei suoi occhi, quella che porta allegria in casa, la mia forza della natura». Mai Fulvio ha mostrato rabbia, ma nello stesso tempo la sua sofferenza è stata sempre ben visibile e palpabile. Sin da quando, a poche ore dalla scomparsa, quando si pensava ad un rapimento per errore, scrive un messaggio a Yara dicendole di tornare e rivolgendosi a presunti rapinatori di farla tornare a casa. Il fatto che non abbia mai mostrato platealmente il dolore non vuol dire che non lo abbia provato, e il fatto che abbia continuato a fumare, a fermarsi al bar dopo il lavoro e prima di tornare a casa per prendere un aperitivo o giocare pochi euro alle macchinette, non vuol dire che sapesse qualcosa del mistero di sua figlia. Piangeva in aula Fulvio, mostrando una fragilità che solo chi è padre comprende. Piangeva di gioia mentre ringraziava i suoi amici dell'Atalanta per la solidarietà durante un evento di beneficenza. Non ha mai riso o goduto per l'arresto o le condanne dell'assassino della figlia. Per lui un capitolo si è chiuso, ma quello più importante dell'amore per la figlia e della impossibilità di riabbracciarla in questa vita non si chiuderà mai. E per questo la sua normalità non sarà più la stessa pur nella normalità della sua piccola famiglia. Fulvio tiene in piedi tutta la sua famiglia con dignità e con onore senza dare soddisfazione a chi lo accusa delle ipotesi più truci. A parlare per lui sono i fatti, la fede e ora la nuova onlus fondata in onore di Yara.

Il suo racconto in aula è stato più emozionante perché lui non è riuscito a trattenere il pianto pensando e ricordando il suo piccolo fiore, la gioia della sua casa. Ha raccontato commosso: «Con le sue capriole e i suoi sorrisi riempiva di gioia la nostra casa e la nostra famiglia». E ha commosso anche noi.

La Ruggeri ha proseguito: «Come ricorda quel giorno in cui la sua bambina non è tornata a casa, signor Gambirasio?».

«Era una giornata normale. Dopo il lavoro verso le 17.15 mi sono fermato al tabaccaio dietro a casa e al bar, e sono rientrato alle 18. In casa non c'era nessuno, poi è arrivata Keba e mia moglie con Gioele, che mi ha chiesto di andare a riprendere Nathan al tennis. L'ho fatto e alle 18.45 sono tornato e mia moglie mi ha detto della storia dello stereo e che Yara avrebbe dovuto tornare a momenti. Dopo ho fatto una doccia e sono uscito a piedi perché quella sera ero a cena con i miei colleghi al ristorante e prima ci saremmo trovati al bar Il Piacere vicino a casa. Prima di uscire ho chiesto se fosse tornata Yara e mia moglie mi ha detto di no. Visto che sono uscito a piedi per andare a trovare il collega, ho cercato di guardare in strada se la vedevo, ma nulla. Ho pensato: tornerà, è un attimo in ritardo... forse sono stato leggero. Alle 20, quando stavamo per andare al ristorante, Maura mi ha richiamato e mi ha detto che non era tornata piangendo. A quel punto ho chiesto al collega Omar che guidava di tornare indietro e di controllare in giro, ho pensato subito che fosse successo qualcosa perché lei non è tipo da ritardare... sono andato dovunque lì intorno ma nulla. Anche i Carabinieri hanno iniziato a cercare e alle 20.30 sono andato a Ponte San Pietro a fare subito la denuncia. Mi hanno detto che avrebbero cercato ovunque e anche controllato il cellulare, ma di tornare il giorno dopo perché magari rientrava... Mia figlia non aveva motivo per allontanarsi, non aveva il brutto vizio di tardare e al massimo ci faceva attendere dieci minuti, ma mai di più, prima di rientrare a casa. Per questo gli ho detto di fare presto, che era successo qualcosa di brutto.» In quei giorni Fulvio è disperato come tutti e le lascia anche diversi messaggi alla segretaria del cellulare, sempre spento. «All'inizio erano messaggi scherzosi – ha proseguito in aula, tra le lacrime – poi disperati e, a quattro giorni dall'allontanamento da casa, le ho scritto un sms: "Mi devo preoccupare?". Tutto inutile.»

Il racconto di chi era sua figlia è molto emozionante, Fulvio non trattiene le lacrime in aula. Il silenzio è palpabile e io mi chiedo cosa passi per la testa di Bossetti in quei momenti. «Yara era una ragazza tranquilla e brava a scuola. Era amata da tutti, non aveva problemi di bullismo o di altro tipo, stare con lei era divertente, la mascotte e il collante della famiglia. In più era forte, un bel peperino e agile come un cerbiatto... starle dietro quando correva era dura.» Un particolare sul quale la difesa dell'imputato ha cercato di «giocare», immaginando che la piccola avrebbe anche potuto resistere o sfuggire al suo aguzzino in quel campo di erbacce dove poi è stata ritrovata il 26 febbraio 2011 e adombrando l'ipotesi che fosse stata invece uccisa altrove. Ma ne parleremo dopo.

Il PM e la difesa hanno poi chiesto a Fulvio se avesse mai incontrato il signor Bossetti.

«Credo di aver visto una volta Bossetti quando era ragazzo in paese, mentre andava in bici o in motorino. Non escludo di averlo incrociato sul lavoro nel cantiere di Palazzago di Osvaldo Mazzoleni (cognato di Bossetti, *N.d.R.*) dove ero andato con mio cognato, ma di sicuro non lo ricordo bene. Magari gli ho detto buongiorno e basta per educazione. Io per il mio ruolo non mi fermo sui cantieri con chi fa i lavori manuali ma parlo con i titolari.»

Un particolare importante perché è stato proprio Bossetti a dichiarare di aver addirittura conosciuto Fulvio, quindi non solo di vista, proprio sul famoso cantiere di Palazzago.

«Ad ogni modo non ho mai saputo chi fosse e come si chiamasse prima del 16 giugno 2014, quando è stato arrestato. Dopo quello che è successo ho ripercorso più volte il mio passato per capire se avessi fatto qualcosa a qualcuno di sbagliato, magari qualcosa che mi potesse riguardare e di cui non mi sono accorto. Ma non mi è mai venuto in mente nulla. Ho trascorso notti intere a pensare che cosa potesse essere accaduto alla piccola Yara, ma in realtà non ho trovato nessuna risposta. Poi, una volta circolata la notizia del fermo di Bossetti, ho chiesto a mia moglie di dirmi il suo nome. Quando lo ha fatto, mi sono quasi sentito sollevato, perché non lo conoscevo e quindi sicuramente non si era trattato di alcuna vendetta contro di me. Del resto, ripeto, non ho mai fatto del male a nessuno.»

L'avvocato Claudio Salvagni ha poi insistito nel voler descrivere Yara con il papà e la sua presunta forza fisica che le avrebbe potuto permettere di difendersi da un'aggressione. Inoltre i legali di Bossetti a quel punto, non potendo ulteriormente minare la credibilità di un padre, ha cercato in tutti i modi di scardinare la bontà dell'operato dei Carabinieri che per primi raccolsero la denuncia, affermando che si sarebbe forse perso troppo tempo e che poi le ricerche non sarebbero state tempestive. Facendo leva su quella parte dell'opinione pubblica che ha sempre voluto polemizzare sul fatto che per mesi i ricercatori non avrebbero trovato il cadavere pur essendo passati dal campo di Chignolo, e sostenendo la tesi che il corpo di Yara sarebbe stato ucciso altrove e nascosto altrove. Ma vedremo come la scienza e le evidenze scientifiche negheranno anche questa ipotesi difensiva.

Si è andati avanti a cercare di tirare ancora in ballo Silvia Brena, l'istruttrice di Yara, che tuttavia Fulvio non aveva mai contattato e poi, per giustificare la presenza di calce nei polmoni della bambina, si è preso in esame la presenza di un cantiere di ristrutturazione vicino a casa Gambirasio.

«Non era poi così vicino e non ci dava fastidio», ha tagliato corto Fulvio.

Roberta Bruzzone, da esperta come pensa che avrebbero dovuto muoversi i Carabinieri in questa prima fase?

Quando scompare un minore la prima attività investigativa solitamente riguarda la sfera di conoscenze della vittima, genitori e nucleo familiare più ristretto in primis. In questo caso, correttamente, proprio questi contatti vennero esplorati in maniera approfondita immediatamente dopo la scomparsa. Una volta escluso il coinvolgimento di un soggetto noto alla vittima l'indagine si è complicata notevolmente e sono entrati in campo altre tipologie di strumenti e strategie investigative che hanno mostrato alcune importanti criticità. Indubbiamente la pista che portava a Mohamed Fikri poteva risultare plausibile sulla scorta delle informazioni all'epoca disponibili (ovviamente prima della individuazione del profilo generico di Ignoto 1, poi ricondotto in maniera certa a Massimo Giuseppe Bossetti).

Ci sono diversi studi che, in ambito internazionale, hanno analizzato approfonditamente i casi di rapimento e omicidio ai danni di minori. Tra questi, in una mia recente pubblicazione per Giuffrè Edizioni (*Criminologia dei sex offender*), ho citato una ricerca commissionata dalla Criminal Division del Washington State Attorney General Office e finanziata dal U.S. Department of Justice, Office of Juvenile Justice and Delinquency Prevention (maggio 2006), che ritengo davvero interessante.

Questo importante studio ha fornito degli utilissimi indicatori per potenziare le tecniche investigative nei casi di rapimento e omicidio di minori. Si è basato sulle informazioni derivanti da 800 casi, la maggior parte dei quali risolti, di rapimento e omicidio ai danni di un minore. Le principali caratteristiche messe in evidenza dello studio possono essere così riassunte:

– la probabilità che il nome dell'assassino venga individuato durante la prima settimana di indagini è piuttosto esigua;

– l'utilizzo di pornografia e di pedopornografia da parte del rapitore tende ad innalzare la probabilità che la piccola vittima venga assassinata;

– nel 74% dei bambini rapiti e uccisi la vittima era di sesso femminile e con un'età media di 11 anni;

– nel 44% dei casi studiati vittime e assassini non avevano alcun rapporto di conoscenza ma nel 42% dei casi la vittima e l'assassino si conoscevano e addirittura avevano un rapporto di frequentazione o amicizia;

– solo il 14% dei casi studiati aveva coinvolto genitori o soggetti appartenenti alla sfera relazionale familiare più vicina alla vittima;

– circa due terzi degli assassini considerati nello studio avevano dei precedenti penali per crimini violenti;

– circa il 50% degli assassini avevano commesso in precedenza reati contro i minori;

– il principale movente alla base del rapimento e dell'omicidio di un bambino nei casi studiati era di matrice sessuale;

– in circa il 60% dei casi studiati sono trascorse più di due ore dal momento in cui il bambino è stato rapito rispetto al momento in cui è stato segnalato il rapimento ed è stata avvisata contestualmente la Polizia;

– nel 76% dei casi studiati il minore era già morto entro le tre ore dal rapimento e nell'88,5% dei casi il minore era morto comunque entro le ventiquattro ore dal rapimento;

– circa la metà dei rapimenti studiati sono avvenuti a poche centinaia di metri dalla abitazione della vittima;

– circa un terzo dei rapimenti studiati è avvenuto a poche decine di metri dall'abitazione della vittima;

– nella stragrande maggioranza dei casi la vittima si è avvicinata alla macchina del rapitore per rispondere ad alcune domande piuttosto banali;

– nella stragrande maggioranza dei casi i rapimenti di minori sono stati visti da parte di persone che però non hanno compreso che stava avvenendo un crimine gravissimo;

– in questo genere di casi più è rapida la segnalazione di scomparsa o rapimento del bambino e maggiori sono le probabilità di sopravvivenza da parte della vittima.

Esaminando più nello specifico i risultati di questo importante studio emergono una serie di informazioni di importanza cruciale, sia dal punto di vista investigativo che criminologico.

Il rapimento di minori solitamente può entrare in cinque principali categorie:

– rapimento da parte di un familiare;

– rapimento da parte di un non familiare (come nel caso di Yara);
– fuga volontaria da casa;
– abbandono di minore;
– bambini che vanno incontro ad eventi accidentali che ne determinano la scomparsa.

Purtroppo, è molto complesso ottenere informazioni precise sui rapimenti ai danni di minori per una serie di ragioni. In primis perché gli studi su questo genere di scenario investigativo sono piuttosto limitati e le informazioni derivanti dalle statistiche criminali non sempre sono pienamente affidabili. Fortunatamente i casi di rapimenti ed omicidi ai danni di minori sono comunque piuttosto rari, soprattutto quelli commessi da parte di soggetti che non appartengono alla rete familiare e relazionale della vittima.

Le informazioni prese in considerazione da questo complesso e articolato studio hanno posto particolare attenzione alla definizione di rapimento che si basa su quattro principi cardine:

– la vittima è stata rapita;
– alla vittima è impedita la libertà di movimento;
– una vittima minore di violenza domestica viene segnalata dalla famiglia come scomparsa;
– la Polizia è immediatamente dell'opinione che la vittima sia stata presa e sia trattenuta da qualcuno contro la sua volontà.

Per quanto riguarda l'analisi dell'omicidio, sono state prese in considerazione le seguenti componenti:

– il luogo in cui la vittima è stata vista per l'ultima volta;
– il luogo di iniziale contatto tra vittima e aggressore;
– la scena del crimine primaria dove è stato commesso l'omicidio;
– la zona di ritrovamento del corpo.

Questo studio ha dimostrato in primis che i genitori non devono essere considerati i principali sospettati nei casi in cui sia stato rapito un minore. E la vicenda di Yara conferma ampiamente questa valutazione.

Lo studio ha dimostrato inoltre che, nei casi di rapimento, la piccola vittima viene uccisa dopo un intervallo temporale molto ridotto, esattamente come è accaduto nel caso di Yara. Il 46,8% delle piccole vittime era già morta entro un'ora dal rapimento. Questo genere di rapimenti non viene finalizzato da parte del killer a procurarsi una piccola vittima a lungo termine. Questa informazione dimostra come i singoli minuti che trascorrono dal momento del rapimento alla segnalazione alle forze dell'ordine possono avere un'importanza critica e fare la differenza tra la vita e la morte per la piccola vittima.

Torniamo al processo.

Dopo i genitori di Yara, ha sfilato in aula la zia Nicla Gambirasio alla quale la ragazza era molto legata, il cui racconto non ha aggiunto molto al quadro vittimologico già fatto. La donna ha solo aggiunto che qualche volta aveva incontrato Bossetti al supermercato di via Sorte, proprio nella zona della palestra di Brembate, e che lo conosceva di vista da ragazza. Lui, ricordiamolo, aveva ammesso di andare in quel supermercato ogni tanto. Così come ha sempre ammesso di frequentare quella zona per la presenza del suo commercialista, nonché per le frequenti visite a suo fratello Fabio che abita da quelle parti. Informazione smentita peraltro dallo stesso congiunto. Ma vedremo più avanti.

I testimoni che hanno potuto raccontare di Yara e di cosa accadde quella sera del 26 hanno continuato a sfilare davanti alla Corte in quei giorni. Prima di tutto, tra le allenatrici e chi quella sera l'aveva vista in palestra, è stata interessante la testimonianza di Silvia Brena che la difesa dell'imputato ha tentato in tutti i modi di mettere in difficoltà, non facendo mai mistero della propria strampalata ipotesi alternativa (dimostratasi del tutto infondata): Yara vittima di bullismo al femminile in palestra. Yara uccisa in qualche modo dalla sua allenatrice che ha lasciato il suo Dna sul giubbotto.

Un giubbotto che Yara abbracciava e toccava. Un giubbotto. Non una mutandina.

Silvia Brena si siede tranquilla al banco dei testimoni. Ha lunghi capelli scuri e un viso semplice, poco truccato. Parla con una marcata inflessione bergamasca. «Ero allenatrice di Yara da settembre 2010. L'ho vista quel venerdì pomeriggio anche se non allenavo, perché ero passata dalla palestra nel tardo pomeriggio per chiedere se servissero delle fotocopie per la gara di domenica. Sono arrivata in treno da Milano a Ponte San Pietro verso le 18 ed è venuto a prendermi mio fratello che mi ha portato al palazzetto, anche perché avevo più tardi la lezione di hip hop alla palestra di Gnammy (così tutti chiamano Zambelli l'allenatore di danza moderna). Yara era seduta in palestra con un'altra ginnasta, non si stava allenando, ricordo che era vestita di scuro. Io l'ho salutata e sono andata via prima delle 18.30, poi non l'ho più vista. Questa vicenda mi ha segnato, parte della sofferenza c'è ancora. Comunque quella sera mamma Maura mi aveva chiamato verso le 21 e io non avevo risposto perché non avevo sentito lo squillo perché stavo facendo lezione di hip hop; questo mi è dispiaciuto tanto, soprattutto quando ho saputo cosa era successo.» L'avvocato Salvagni ha chiesto poi a Silvia Brena i suoi rapporti con Yara. «Erano normali, ci abbracciavamo come accade tra allieva e istruttrice, niente di strano.» I Carabinieri, a dire la verità, ai tempi dell'indagine iniziale avevano intercettato la ragazza di cui si era trovato il Dna sul giubbotto, l'avevano persino seguita e avevano intercettato suo fratello Alessandro, verificando il suo alibi per quella sera. Ma non è mai emerso nulla di sospetto riguardo a entrambi. Riservata come solo le bergamasche sanno essere: amica con chi le è amica, guardinga nell'aprirsi con chiunque altro. Solo per questo non ha mai risposto alle accuse mosse dalla difesa di Bossetti, non ha presentato denunce per diffamazione e ha deciso di continuare la sua vita. Nessun sospetto, nessuna macchia. Se in aula non ha ricordato qualche particolare su quella sera e piuttosto che dire stupidate ha risposto: «Non ricordo», venendo dunque attaccata per questo dai difensori dell'imputato, è soltanto perché sono passati cinque anni e quando ne hai venti sono davvero una marea.

Daniela Rossi, responsabile tecnico del settore ginnastica ritmica della Polisportiva di Brembate, ha raccontato: «Quel venerdì Yara è arrivata intorno alle 17.30, si è soffermata per vedere l'allenamento della compagna e poi è andata via. Era tranquillissima, ci ha dato lo stereo come d'accordo, si è tolta il giubbotto e lo ha poggiato sugli spalti, poi si è seduta a bordo pedana e ha guardato un po' l'allenamento delle piccole. Poi ha salutato ed è uscita tranquilla dicendo che a casa l'aspettavano per le 18.45. Potevano essere poco più che le 18.30».

Le prime udienze scorrono con l'audizione di alcune amiche di Yara, in particolare Martina Dolci, colei che ricevette dalla piccola amica un sms poco prima di sparire, in cui chiedeva conferma che si sarebbero viste domenica per la gara: «Ci vediamo alle 8 in palestra per la gara domenica?», chiede Yara. «Certo ci vediamo», risponde Martina.

Martina racconta in aula di essere rimasta scossa dalla vicenda, perché lei Yara la conosceva bene, si vedevano spesso anche a casa sua... e mai avrebbe immaginato nulla di simile. Su quella sera nulla da rilevare: «Yara era sempre la solita, tranquilla e serena... tutto normale».

Nei giorni successivi viene sentita in aula anche Keba, la sorella maggiore di Yara che durante il processo è già maggiorenne. Anche lei ex ginnasta, allenatrice delle piccoline e sportiva, pratica pallavolo. Anche lei molto riservata, ovviamente si nega ai giornalisti che, come in tutte le udienze, assalgono chiunque debba sedersi sul banco dei testimoni. «Dormivamo nella stessa camera – racconta al PM – ci confidavamo abbastanza, ma non tutto anche perché un po' di differenza di età c'era.» Il magistrato chiede poi a Keba quali fossero le abitudini di Yara e lei conferma quello che già ha detto la mamma. Di quel maledetto 26 novembre 2010 dice: «Quel venerdì dalle 15.30 fino alle 18 massimo ero a pallavolo nella palestra delle scuole elementari vicino a casa, quando sono tornata a casa Yara era uscita per andare in palestra a portare lo stereo, prima so che faceva i compiti. Poi io sono uscita di nuovo e quando sono tornata ho trovato mia mamma preoccupata perché Yara non rispondeva al telefono; allora è corsa in palestra a vedere e io ho provato a chiamare Yara ma c'era la segreteria telefonica. Poi è arrivato mio padre...».

«Come ricordi che fosse Yara quel giorno?»

«Assolutamente normale e serena; c'era in ballo lo stereo da portare in palestra per la gara della domenica, c'era stato un po' di battibecco su chi dovesse portarlo tra di noi ma alla fine mia madre ha deciso che poteva andare Yara...»

Sono lì seduta ad ascoltare e prendere appunti a mano (non ci è stato concesso nemmeno di usare registratori portatili) e guardo Keba. E mi chiedo: chissà in quel momento se Keba ha pensato: «E se fossi andata io a portare lo stereo? Magari nessuno mi avrebbe portato via chissà dove... magari Yara sarebbe ancora qui». Un velo di tristezza attraversa il volto di questa ragazza che nella sua vita non potrà mai dimenticare quello che è accaduto alla sorellina.

Segue una domanda della difesa di Bossetti: «Yara aveva un diario segreto?».

«Sinceramente non lo so – risponde Keba – il pc era il mio e non volevo lo usasse nessun altro, Yara usava quello di famiglia.» Segue una domanda maliziosa su alcune visite su web fatte da Keba riguardanti ragazzi e sesso... ma sono irrilevanti se il pc lo usava solo lei.

«Yara aveva una simpatia per qualche ragazzo?»

«Mi aveva parlato di un ragazzino al Cre estivo, tale Maurizio Besana, ma niente di particolare.»

La difesa ha poi chiesto se Keba avesse mai visto Bossetti. «No, mai.»

«Aveva mai raccontato di approcci sgraditi?»

«No no, se ci fosse stato lo avrei saputo, io sono ficcanaso e poi me ne sarei accorta.»

I difensori chiedono poi se sapesse del luogo di incontro poco raccomandabile utilizzato dai ragazzi del quartiere vicino ad una casetta di legno. «Non sapevamo nulla e di certo non lo avremmo frequentato» la risposta.

«Insomma Yara era un angelo, una bambina davvero innocente e quindi è assurdo che possa aver accettato di salire su un mezzo di uno sconosciuto, come ipotizza l'accusa, tanto più se nessuno della famiglia aveva mai visto e conosciuto Bossetti. È dunque impossibile che Bossetti possa averla portata via e uccisa», ha chiosato la difesa.

Le testimonianze delle altre amiche e persino di un ragazzino con cui Yara aveva scambiato dei messaggi, ma con cui non era mai riuscita ad uscire, ma che le interessava sono state tutte su questo tono. Nessuno mai ha smentito questa immagine di vittima davvero innocente della piccola di Brembate. Tantomeno nessuna ombra è stata gettata sui suoi rapporti con le insegnanti di ritmica o con le compagne. La difesa, a questo proposito, ha fatto di tutto per gettare delle ombre su quell'ambiente, adombrando la tesi dell'omicidio commesso dalle «bulle». Ma mai nessuna evidenza scientifica, e lo vedremo quando leggeremo le testimonianze del Ris, ha portato ad avvalorare una tesi diversa da quella sostenuta dall'accusa e poi confermata dalla verità processuale fino alla Cassazione.

Dottoressa Bruzzone, cosa ne pensa di questa tesi definita fantasiosa della difesa di Bossetti?

La difesa di Bossetti non è mai riuscita, neppure in maniera residuale, a creare piste alternative (anche solo) astrattamente plausibili.

Come ho già ampiamente avuto modo di affermare in diverse occasioni, in questa vicenda esisteva uno scoglio davvero insormontabile per la difesa: diversamente da quanto accade normalmente, in questo caso Bossetti (che non aveva precedenti penali e non era noto alle forze dell'ordine fino al giugno del 2014) viene individuato dopo quasi quattro anni sulla base di una traccia biologica (assolutamente affidabile sotto il profilo qualitativo e quantitativo) trovata sugli indumenti (leggins e mutandine) indossati dalla vittima al momento dell'aggressione da cui è stato estratto il suo profilo genetico (e parliamo di Dna nucleare, l'unico utilizzabile in ambito forense a fini identificativi). La traccia è mista, composta «molto probabilmente da sangue» della bambina e del muratore, miscelate quando entrambe le matrici biologiche erano allo stato liquido. Quindi Yara e Bossetti erano insieme, nello stesso momento, nello stesso luogo. Questo è l'elemento che colloca Bossetti sulla scena del crimine mentre Yara veniva ferita a morte. Sul punto non esiste alcun dubbio, tantomeno ragionevole. Ed è sicuramente questo l'asse portante dell'impianto accusatorio. L'attribuzione di quello specifico profilo genetico (analizzato da quattro laboratori di eccellenza in materia di genetica forense in maniera del tutto autonoma ed indipendente) ha comportato un'attività di comparazione con oltre 20.000 profili genetici e l'unico risultato perfettamente sovrapponibile è solo quello di Massimo Giuseppe Bossetti. L'ipotesi, a dir poco fantasiosa, che qualcuno possa aver voluto incastrare Bossetti portando con sé il suo sangue sulla scena del crimine per poi versarlo sulla vittima la sottopongo agli scrittori di romanzi di fantascienza... magari possono trarne fonte di ispirazione. Ma sbaglia chi ritiene che l'unico elemento a carico di Bossetti sia stato «solo» il suo Dna sulla vittima. C'è molto altro.

Circostanze temporali e spaziali che lo collocano nei pressi del palazzetto dello sport proprio in concomitanza con la scomparsa della piccola Yara. Le celle telefoniche lo collocano a Brembate (circostanza che neppure la difesa ha potuto negare). Le immagini di diverse telecamere hanno immortalato (guarda caso) un furgone identico al suo fare avanti e indietro proprio in quella zona, proprio mentre Yara spariva nel nulla. Il furgone viene ripreso transitare più volte dalle 18 alle 18.47, per poi ripassare ancora anche alle 19.51. Quindi non è vero che il muratore passava di lì per tornare a casa dal lavoro. Quel giorno poi, da quanto emerso dagli accertamenti e dal processo, non era neppure andato al lavoro, ragion per cui non aveva proprio alcun motivo valido per trovarsi a Brembate a quell'ora. E, sulla base di quanto afferma una consulenza tecnica dell'accusa, Yara proprio su quel furgone è salita per il suo ultimo viaggio. Lo testimonia la presenza sui leggins della bambina di «fibre riconducibili al tessuto costituente la stoffa dei sedili» del furgone dell'imputato. Bossetti poi non ha un alibi per quella maledetta serata. La moglie non ha confermato quanto da lui sostenuto dinnanzi agli inquirenti. E l'immagine da «famiglia da Mulino Bianco» che l'uomo ha tentato di fornire durante le indagini si è ben presto frantumata contro l'evidenza di «un ménage di coppia» un po' «affollato». E poi ci sono le bugie. Le tante, troppe bugie in merito alle sue reali abitudini e frequentazioni. A cominciare dall'aver negato di frequentare assiduamente il centro estetico situato in via Gotti, a due passi da casa Gambirasio (guarda caso) per fare delle lampade abbronzanti. E a suggellare in maniera decisamente illuminante l'impianto accusatorio è arrivato anche l'esito della consulenza informatica sul computer in sequestro. Secondo gli esperti incaricati dell'analisi sulle abitudini di navigazione di Bossetti, proprio quest'ultimo (e non altri membri della sua famiglia) ha fatto ricerche digitando le parole «ragazzine rosse, tredicenni per sesso, vergini». L'ultima ricerca è avvenuta la mattina del 29 maggio 2014, in un momento in cui i figli erano a scuola mentre lui risultava assente dal lavoro. Sono questi, in estrema sintesi, i punti chiave dell'impianto accusatorio che sono stati ritenuti validi nei tre gradi di giudizio e hanno portato all'unico pronunciamento possibile per un capo di imputazione di questa portata, ossia l'ergastolo.

Ma andiamo per gradi e torniamo al fatidico 26 novembre 2010. Una testimonianza davvero importante è quella di Fabrizio Francese, il compagno della mamma di una ginnasta della Polisportiva di Brembate, che dichiarerà subito ai Carabinieri di aver incontrato Yara mentre lui entrava in palestra per prendere la sua bambina e lei ne usciva. Ecco la sua testimonianza in aula: «Raramente andavo a prendere Ilaria. Ma quella sera tornavo da Milano in treno dove avevo frequentato un corso. Mi aveva chiamato Jole, la mia compagna, per dirmi di andare a prendere Ilaria. Ricordo di aver preso il treno da Greco alle 17.39 e di essere sceso a Ponte San Pietro alle 18.24. Avevo l'auto nel parcheggio e ricordo che alle 18.34 sono partito verso la palestra per cui avevo due chilometri di strada. Arrivato davanti al centro sportivo, alle 18.40-18.45 massimo, ho parcheggiato di fronte al distributore, poi sono andato verso la palestra. Sono entrato dall'ingresso principale e Yara è venuta verso di me, verso l'uscita. Ci siamo incrociati e lei mi ha sorriso, io l'ho salutata e sono entrato mentre lei usciva da dove sono entrato io, sono certo che è uscita, era bella, decisa e con la camminata spedita. Dopo io mi sono fermato in palestra 15-20 minuti ad aspettare e quando sono uscito non l'ho più vista».

La difesa di Bossetti ha cercato di mettere in difficoltà Francese, ipotizzando che Yara non fosse uscita ma che avesse svoltato verso gli spogliatoi, perché non si era sentito il rumore della porta. «Lei è sicuro che è uscita? E se fosse andata negli spogliatoi l'avrebbe vista? Ha sentito sbattere la porta?»

«Materialmente non l'ho vista uscire, ma ho avuto la sensazione netta che stesse uscendo dal modo in cui camminava e per la direzione in cui andava. Se avesse svoltato verso gli spogliatoi l'avrei vista e non è stato così. Magari al rumore della porta non ho fatto caso.»

«Aveva mai visto Bossetti nei pressi della palestra?»

«No, mai.»

Dopo la deposizione di Francese, l'orario nel quale l'uomo aveva incrociato Yara in palestra è stato a lungo e approfonditamente dibattuto in aula. E la Corte lo spiega bene nelle motivazioni della sentenza: «Secondo quanto riferito dal teste alla Corte 6, egli era arrivato con il treno nella stazione di Ponte San Pietro alle 18.24, era sceso dal treno e si era diretto verso la sua autovettura parcheggiata nel piazzale della stazione, ove era stato raggiunto telefonicamente dalla compagna, che gli aveva chiesto di passare a prendere Ilaria in palestra; aveva percorso i due chilometri che separano la stazione dal centro sportivo, impiegando quattro o cinque minuti, aveva parcheggiato lungo via Locatelli, aveva attraversato il cortile esterno del centro sportivo, era entrato nell'edificio della palestra e aveva incrociato Yara intorno alle 18.42-18.45. Secondo il diverso orario di c.d. allineamento delle telecamere i cui video sono stati acquisiti agli atti proposto dalla difesa in fase di discussione, la sua Fiat 600 (la cui immagine non è stata mostrata al teste durante la deposizione) sarebbe passata davanti alla telecamera del distributore Shell alle ore 18.48 e, dunque, egli avrebbe incrociato Yara non prima delle 18.50. In ogni caso, sia che l'abbia incontrata alle 18.45 sia che l'abbia incontrata alle 18.50, la ragazza, secondo le precise indicazioni fornite dal teste in udienza, aveva già oltrepassato la deviazione verso il corridoio degli spogliatoi e si stava dirigendo con passo deciso verso la porta che dà sul cortile esterno. Non l'aveva seguita con lo sguardo fino a vederla varcare la soglia, ma tendeva a escludere che fosse tornata indietro verso gli spogliatoi, perché avrebbe dovuto sterzare bruscamente, attirando la sua attenzione. Gli è stato chiesto ripetutamente se avesse udito il rumore della porta che si chiudeva dietro Yara, ma ha risposto di non rammentarlo. Secondo la difesa, non avendola Francese vista varcare la soglia, Yara potrebbe non essere mai uscita dallo stabile: gli accertamenti compiuti nell'immediatezza all'interno degli spogliatoi, tuttavia, non rivelavano alcuna traccia della ragazza, che era in ritardo, si stava dirigendo a passo spedito verso l'uscita ed era quasi arrivata alla porta e, dunque, è ben più plausibile, oltre che aderente al dato testimoniale, che sia uscita, anziché che sia tornata sui suoi passi e si sia diretta senza motivo verso gli spogliatoi, senza che nessuno la notasse né nell'immediatezza, né più tardi». Nessun elemento investigativo emerse.

A tal proposito ricordo che in una successiva udienza con gli ufficiali del Ris fu ben raccontato come le porte degli spogliatoi della palestra furono tutte esaminate e passate al setaccio alla ricerca di eventuali tracce di Yara.

Proseguendo nell'escussione dei testi dell'accusa, è stato sentito il brigadiere Garro che per primo prese la denuncia di scomparsa di Fulvio Gambirasio. «Per prima cosa ho cercato di localizzare il telefonino della piccola Yara attivando il sistema di localizzazione della cella telefonica Carro. Un sistema che offre solo localizzazioni di macro aree e che infatti diede molto tardi un esito poco interessante, ovvero che il telefonino era nella macro area Monza-Lombardia. Comunque diramai la foto di Yara che mi diede il papà a tutte le pattuglie e diramai le ricerche in tutta la provincia.»

Nella motivazione si legge: «Come illustrato dal colonnello Angelo Lo Russo dei Ros all'udienza del 23 settembre 2015 il "sistema Carro" è un sistema ausiliario di localizzazione degli apparati cellulari, che utilizza interrogazioni svolte da un gestore di telefonia estero e consente di localizzare un apparato cellulare sulla rete italiana nei casi in cui esso non sia sotto intercettazione (perché altrimenti la localizzazione è assicurata dagli stessi apparati utilizzati per l'intercettazione). Diversamente da quanto accade attraverso il c.d. blocco da parte del gestore italiano, tuttavia, la localizzazione avviene per macro aree e con una sfasatura temporale che lo rende scarsamente affidabile, se non per informazioni generiche, quali l'ingresso in Italia di soggetti esteri, ad esempio nelle operazioni antidroga. Nel caso di Yara le informazioni ottenute tramite "Carro" erano smentite dal gestore italiano Vodafone, secondo il quale il telefono cellulare della ragazza, al momento dell'attivazione del "sistema Carro", era già spento».

Ricordiamo i contatti del cellulare di Yara quella sera. Cellulare mai ritrovato. Alle 18.25, Yara riceveva un sms dell'amica Martina Dolci, che le chiedeva a che ora fossero convocate domenica e il suo cellulare agganciava la cella di Ponte San Pietro via Adamello 1 settore 9 (compatibile con la palestra). Alle 18.44 rispondeva, sempre agganciando la cella di Ponte San Pietro via Adamello settore 9, dando informazioni sulla gara della domenica. Alle 18.49.53 Martina Dolci le rispondeva: «OK», e il telefono di Yara (che non è dato sapere se abbia letto o no il messaggio), non avendo il servizio di conferma ricezione e non essendo stato trovato il suo cellulare, agganciava la cella di Mapello via Natta settore 1, anch'essa compatibile con la zona di Brembate tra centro sportivo e casa di Yara. Per raggiungere la propria abitazione la ragazza avrebbe potuto uscire dal cancello principale che affaccia su via Locatelli oppure dal cancello di via Morlotti (più comodo per andare verso via Rampinelli), seguendo il percorso disegnato dalla sorella Keba in dibattimento. Alle 18.55 il cellulare di Yara agganciava, senza generare traffico, per l'ultima volta la rete tramite la cella di Brembate di Sopra via Ruggeri. Alle 19.11 la madre (come confermato dai suoi tabulati) provava a contattarla telefonicamente, ma il telefono della ragazza era già spento. Dopo la scomparsa, il telefono di Yara veniva intercettato per mesi senza esito (se non la registrazione dei messaggi disperati del padre).

Capitolo Secondo

I cadaveri parlano a chi li sa ascoltare

26 febbraio 2011 - Edizione Straordinaria: «Il corpo di Yara è stato scoperto in aperta campagna questo pomeriggio, in un campo della zona industriale di Chignolo di Isola, in provincia di Bergamo, ad una decina di chilometri da Brembate, in mezzo all'erba alta. La zona dove si trova il campo è metà agricola e metà industriale, ci sono molti capannoni, alcuni in costruzione, e il campo, molto esteso, si sviluppa proprio a ridosso degli edifici. Il cadavere di Yara era in avanzato stato di decomposizione e l'identificazione è avvenuta grazie ai vestiti, gli stessi indossati dalla ragazza il giorno della scomparsa, e a un portachiavi legato con un nastro. A scoprire il cadavere della tredicenne, nascosto tra la vegetazione, sarebbe stato un giovane che si trovava nella zona per provare un modellino di aeroplano telecomandato e che non avrebbe alcun ruolo nella vicenda. L'uomo ha immediatamente chiamato gli investigatori, che hanno identificato Yara».

Questo è il primo lancio dato dal Tg di Sky la sera del 26 febbraio 2011. Tutti noi ricordiamo dove eravamo e cosa stavamo facendo allora. Tutti noi cronisti lasciammo le nostre occupazioni, qualunque fossero, e corremmo in quel luogo per cercare di capire di più, per sapere e poi documentare. Io personalmente non mi occupavo della cronaca di quella zona in quel periodo e il settimanale «Giallo» per cui lavoro oggi non esisteva ancora. Ma seguii la vicenda perché, inconsciamente, forse sapevo che poi sarebbe stata una parte importante del mio lavoro. E quell'intuizione si rivelò poi veritiera.

Nei pochi video che a distanza di tanti anni siamo riusciti a trovare ho cercato di scorgere in quel luogo Massimo Bossetti, perché sapevo che la cella del suo cellulare lo collocava proprio in quella zona quella sera. Ma malgrado nella registrazione video di Italia Uno dietro l'inviata si nota una sagoma che avrebbe potuto assomigliare al muratore di Mapello, non sono mai riuscita ad averne la certezza. Né io, né i miei colleghi.

Torniamo a settembre 2015 e al processo di primo grado. A parlare per primo del ritrovamento del cadavere di Yara è Ilario Scotti, l'aeromodellista di Bonate Sotto, comune a pochi chilometri, che lo trovò per caso. Non era un giovane come lo descriveva il primo lancio del Tg, ma era un signore di mezza età, come potemmo notare il giorno della sua deposizione in aula. «In genere vado in quel campo di Chignolo anche con altri e da agosto andavo sempre il sabato e il mercoledì pomeriggio perché ero libero. Il sabato 26 febbraio 2011 avevo portato con me due modellini. Come sempre, ho raggiunto il campo dal sentiero dopo aver parcheggiato l'auto e ho notato dei ragazzi sulla parte asfaltata anche loro con i modellini. A destra del sentiero c'era una radura e poi davanti a me erba bassa, ma il campo era trascurato con rovi e sterpaglie. All'inizio l'ho fatto volare verso destra per evitare che si rompesse cadendo e poi l'ho mandato in alto e l'ho fatto planare sempre con l'antenna telecomandata. Era in mezzo al campo e così sono andato a prenderlo seguendo l'antenna. Ho notato il modellino bianco e rosso tra i rovi e l'ho raccolto, poi tornando, a meno di due metri, ho visto un mucchio di stracci. Era strano... ho guardato meglio e ho capito che si trattava di un cadavere di umano, era piccolo e decomposto, ho capito che era di una ragazza e così ho chiamato subito il 113. Non mi sono allontanato tanto perché era talmente irriconoscibile che avevo paura di perderlo e di non riuscire ad indicarlo alla Polizia. Mentre aspettavo dopo aver chiamato e dato tutte le indicazioni, ho rifatto i passi indietro per vedere meglio, ho avuto la certezza che non si muovesse e dai vestiti ho capito che poteva essere di quella ragazzina che tutti cercavano da mesi, Yara Gambirasio, ma la vegetazione era alta lì al punto che non si vedeva nemmeno a un passo. Non sopportando la vista del corpo, mi sono allontanato di qualche metro ed il cadavere è subito uscito dalla mia visuale, tanto che mi sono visto costretto a ricercarlo nel timore che la Polizia mi prendesse per pazzo.»

Il PM ha poi chiesto: «Lei era già stato in quel luogo, come mai non aveva mai visto nulla?».

«Ero andato almeno dieci volte nei mesi precedenti, ma l'aeroplano non è mai caduto così lontano, forse quel giorno c'era poco vento ed è planato meglio... se ho visto altra gente in giro? Solo delle prostitute, ma in corrispondenza della radura non lì in mezzo, l'erba era troppo alta.»

«Il campo, comunque, di sera è illuminato? E la discoteca Sabbie Mobile dove si trova?»

«No, il campo di sera è buio e la discoteca è a più o meno 300 metri dal fondo del campo. Nella prima parte si camminava anche bene, ma poi era sempre più difficile per il fango anche.»

La difesa di Bossetti sul punto ha continuato ad insistere con la tesi che Yara non sarebbe stata uccisa in quel campo e che sarebbe stata portata lì dopo, anche in virtù del fatto che le ricerche non avevano dato frutti alcuni, malgrado ci fossero anche delle riprese dall'elicottero che non indicano il cadavere, malgrado un omicidio di tale Eddy Castillo avvenuto a gennaio del 2011 proprio nei pressi della discoteca Sabbie Mobili. Per questo l'avvocato Salvagni ha chiesto a Scotti se avesse mai notato la Polizia dopo il delitto in quel luogo o i soccorritori.

«No, non ho mai visto nessuno, invece mentre aspettavo la Polizia il giorno del ritrovamento ho notato un uomo che aveva parcheggiato l'auto e che stava a curiosare, aveva sui 50 anni e un'utilitaria... ma poi non l'ho più visto, sarà stato un curioso.»

Di fatto di curiosi ne arrivarono molti subito dopo. La

Corte, nelle motivazioni della sentenza, tuttavia spiega: «Le fotografie allegate al verbale di sopralluogo ma ancora più la visione dei Dvd allegati a detto verbale sono, in ogni caso, illuminanti. Nel primo Dvd vi è un filmato che riprende il progressivo avvicinamento al luogo del rinvenimento e il cadavere si vede solo quando la telecamera vi è sopra. Il secondo Dvd contiene delle riprese dall'alto, utili per rendersi conto anche visivamente delle vaste dimensioni del campo e che chiariscono, al di là delle citate testimonianze, perché né le squadre della Protezione Civile, né gli elicotteristi che, per quanto riferito dal dottor Bonafini (capo allora della Squadra Mobile della Polizia di Bergamo), avevano sorvolato il campo nei tre mesi intercorsi tra la sparizione e il rinvenimento, abbiano trovato il cadavere: semplicemente perché non era visibile. Contrariamente a quanto sostenuto dai difensori, è, dunque, assolutamente plausibile che nessuno abbia visto il cadavere per tre mesi, e per questa ragione la Corte ha ritenuto del tutto ultroneo assumere ulteriori testimonianze sul punto».

Liquidato il punto e fissato nelle menti di chi era in aula la certezza che Yara non era stata vista prima solo perché non era possibile, il processo è poi proseguito con l'audizione del teste Epifani, il tecnico informatico che ha scandagliato i pc di casa Gambirasio, non trovando nulla di diverso da quello che non sapessimo già, e il consulente della difesa Dezzani che ha confermato. Racconto questi particolari apparentemente insignificanti per far comprendere al lettore come fosse davvero differente la realtà percepita in aula, da quella raccontata fuori. Le certezze granitiche e incontrovertibili emerse nel dibattimento erano di volta in volta vanificate e smembrate all'esterno, in particolare dalle interviste ai legali difensori di Bossetti e dai cosiddetti «Bossettiani». Quel termine, ormai entrato di prepotenza tra noi cronisti al processo, indicava un gruppo di veri e propri «fan» del muratore di Mapello e dei suoi avvocati, che seguivano le udienze. Tra di loro la sorella di Bossetti, Laura Letizia, personaggio di cui avremo modo di parlare per il suo coinvolgimento in un tentativo di calunnia, poi alcuni difensori della tesi complottistica che avrebbe colpito il povero Bossetti a sua insaputa, la maggior parte personaggi senza arte né parte e senza alcuna competenza. Non mancavano giovani avventurose delle aule giudiziarie, interessate più alle pettinature e alle minigonne mostrate nella speranza di essere invitate come comparse nei programmi di cronaca della tv commerciale che del processo, al punto da essere redarguite dal Presidente Bertoja. «Se non la smettete di chiacchierare e disturbare, vi faccio cacciare dall'aula», ha tuonato in una delle prime udienze. Quando poi una di quelle giovani «veline» giudiziarie ha esagerato, ha fatto rilevare la sua identità dal personale di Polizia sorvegliante e l'ha fatta cacciare. Da quel giorno non si è più vista!

Spero che il lettore ci perdonerà questo inciso, ma è fondamentale per capire il clima che si era creato intorno e dentro all'aula e la dicotomia tra la realtà che emergeva nel processo e certe «fantasie» raccontate all'esterno, sia in tv che fuori dall'aula stessa.

Roberta Bruzzone, lei ha potuto studiare il profilo psicologico di alcuni di questi «Bossettiani». Cosa ci può dire dal punto di vista psicologico del loro comportamento?

La maggior parte di questi soggetti risulta avere un basso livello di scolarizzazione, un'età tra i 30 e i 60 anni di età, mostrano una conoscenza precaria della grammatica italiana, buona parte svolge lavori di bassa manovalanza o è disoccupato. Si tratta di soggetti facilmente manipolabili perché usano i social principalmente per veicolare le loro emozioni negative e cercare consenso. La maggior parte di loro si è identificata con l'imputato e ne ha sostenuto l'innocenza senza avere la benché minima idea di ciò che fosse contenuto nel fascicolo a suo carico e senza possedere la benché minima conoscenza o competenza in ambito scientifico-forense. Si tratta di un branco decisamente sgangherato che ha individuato senza ombra di dubbio in Claudio Salvagni, uno dei legali di Bossetti, il suo leader indiscusso. E proprio l'atteggiamento (dentro e fuori dall'aula) della difesa di Bossetti merita un'attenzione speciale. Del resto, dalla lettura delle varie sentenze che hanno portato alla condanna dell'imputato, oltre alla montagna di prove che sono emerse contro Bossetti, emerge in maniera evidente anche la durezza con cui i giudici commentano l'operato della difesa durante le varie fasi del procedimento. Nessun fronte viene risparmiato: dall'atteggiamento in aula a quello mantenuto a favor di telecamera senza trascurare l'insussistenza delle argomentazioni tecniche avanzate a sostegno della loro improbabile tesi difensiva. Gli aggettivi «fantasiose, irrazionali, irrealistiche» tornano più volte nella descrizione che i giudici fanno delle tesi difensive in tutti i gradi di giudizio. Per esempio, ricordano alla difesa che il famoso genetista Peter Gill, quello la cui consulenza secondo Salvagni avrebbe potuto cambiare le sorti del processo, con la difesa si è limitato probabilmente a fare «una semplice chiacchierata di cui non v'è traccia documentale». Difficile poi dimenticare alcuni passaggi di questa vicenda, che si sono consumati soprattutto all'esterno delle aule di giustizia. Un episodio in particolare torna alla mente con la medesima vividezza della giacca di tweed rossa indossata da uno dei difensori di Bossetti, l'avvocato Salvagni, che, megafono alla mano, si rivolgeva ad una sorta di armata Brancaleone di innocentisti irriducibili, tanto sgangherata quanto rumorosa, nella pubblica piazza per sostenere le sue «ragioni». In quel frangente, l'obiettivo del legale era quello di rendere note a tutti «le (presunte) ingiustizie processuali subite da Massimo», all'epoca già condannato anche in Appello all'ergastolo per il brutale delitto di Yara Gambirasio. Chissà se, dopo tutte le condanne e dopo aver incassato anche un sonoro diniego dalla CEDU ormai qualche anno fa, lo stesso Salvagni si sia mai domandato se una strategia di comunicazione decisamente più sobria (sia dentro che fuori dalle aule) avrebbe portato maggiori risultati al suo assistito.

Torniamo dunque al processo. Il ritrovamento del cadavere è centrale in tutta l'indagine. Lo è sempre ma in questo caso ancora di più. Infatti, il cuore di un'indagine che fino ad allora non aveva portato purtroppo a nulla, ma che avrà una svolta scientifica fondamentale, è proprio concentrato sulle tracce che quel cadavere porta su di sé. Dopo il ritrovamento, dunque, sul posto arrivano gli uomini della Polizia di Bergamo, il magistrato Letizia Ruggeri, gli uomini della Polizia Scientifica di Milano e più tardi i Carabinieri del Ris di Parma, ma naturalmente anche Cristina Cattaneo, l'anatomopatologa che realizzerà l'autopsia insieme a Luca Tajana nell'Istituto di Medicina Legale di Milano. La scena viene delimitata con un nastro della Polizia per alcune decine di metri rispetto al luogo esatto dove si trova il cadavere che viene subito identificato come quello della piccola Yara Gambirasio, come lo stesso Ilario Scotti temeva.

A dare la prima certezza sono i resti degli abiti indossati che tutti conoscevano perché più volte la tv ne aveva parlato: leggins neri, scarpe All Star scure con la pelliccia dentro, una maglietta azzurra della Federazione di Ginnastica, una felpa scura e un giubbotto tipo bomber scuro. In tasca un Mp3 e un portachiavi che subito fu riconosciuto.

Tutto quello che gli italiani ormai temevano da tempo era diventato vero. La piccola Yara, la piccola ginnasta con il sorriso con l'apparecchio ormai «adottata» da tutti noi, giaceva lì come un mucchio di stracci, divorata dagli animali, in quel campo dove aveva vissuto l'incubo peggiore della sua vita.

Il dolore, che pervase anche Letizia Ruggeri in quel momento, per lei, che è un magistrato e che non può tradire emozioni, si trasformò subito in rabbia e quindi in motivazione per cercare l'assassino. E da quel momento gli investigatori, tutti, non avrebbero avuto più un giorno e una notte, una vita privata e un momento di riposo.

A raccontare l'indagine che ha attirato persino le attenzioni della Polizia statunitense è stato, nell'udienza del 23 settembre, il colonnello Michele Lorusso che nel 2010 comandava il Nucleo anticrimine dei Ros.

«Quando venne dichiarata la scomparsa della piccola Yara dai Carabinieri di Ponte San Pietro, non potevamo inquadrare quei fatti in un modo preciso perché era molto complicato. Di certo, sin dall'inizio e quando intervenimmo noi, anche leggendo le denunce e le testimonianze iniziali, capimmo che non si era trattato di un allontanamento volontario. Il 112 riceve la denuncia formale alle 20.25 e fa subito dei tentativi di localizzare con il sistema Carro della Procura, ma putroppo il cellulare non viene localizzato in modo preciso. Diciamo che ci serve almeno per capire se non è stato portato all'estero. Infatti, il sistema ci dà la localizzazione a Monza e sappiamo che è approssimativo.

Quello che sappiamo non è molto ma è certo: Yara è arrivata in palestra poco dopo le 17.30 ed è uscita tra le 18.42 circa e le 18.45. Dalla telecamera della villetta dei vicini si vede uscire ma non rientrare la ragazza, mentre si vedono i movimenti della famiglia così come dichiarati. Altro dato è la telefonata delle 19.11 della mamma a cui non risponde e il messaggio. Alle 18.25 il messaggio dell'amica Martina Dolci aggancia la cella di Ponte San Pietro (che è la cella più distante da casa di Yara e compatibile con la palestra). Alle 18.44 Yara risponde a Martina e alle 18.49.53 Martina risponde OK a Yara ma noi non sapremo mai se Yara lo legge perché mai ritroveremo il telefonino. Ovvio che non si poteva esaminare tutti i cellulari della zona in quel momento. Alle 19.11 risulta spento e al gestore i messaggi della mamma e le telefonate risultano in segreteria. Insomma alla fine la localizzazione con i cellulari è stata molto ardua. Dai tabulati è emersa la cerchia di relazioni della vittima ed è risultata compatibile con i pochi contatti della zia, delle amiche e della sorella della piccola. Abbiamo poi esaminato i pc ma non è emerso nulla e poi i filmati delle telecamere della zona ma purtroppo non avendo mezzi e targhe da confrontare e riconoscere potevamo fare ben poco.

La svolta certamente si è avuta con il ritrovamento del cadavere nel campo di Chignolo, molto impervio con rovi e spine che ostacolavano addirittura la visione del cadavere. I ricercatori avevano mappato il campo ma solo fino a 30 metri nell'interno mentre il cadavere si trovava a 80 metri. Non era possibile vederlo se non a un metro di distanza ed è per questo che prima non era stato possibile trovarlo. La Corte nelle motivazioni ribadirà ulteriormente che – sebbene siano state prodotte anche immagini e video dall'alto del campo e malgrado le ricerche fatte in tal senso prima del ritrovamento – era impossibile trovare il cadavere perché non visibile assolutamente.

Il corpicino straziato di Yara (evitiamo di produrre la relazione medico legale della dottoressa Cattaneo e del dottor Tajana sullo stato del cadavere) ancora vestito come la sera della scomparsa, conservava nella tasca del giubbotto la batteria del cellulare, mai ritrovato, le chiavi di casa, il lettore Mp3 e la SIM del cellulare al cui interno c'erano memorizzati 78 numeri, tutti intercettati e verificati, ma senza alcun riscontro investigativo. Anche un 000 che risultava nullo.

Dopo aver delimitato la zona i Carabinieri, insieme al personale della Polizia Scientifica intervenuto subito sul posto, hanno provveduto a trasferire il cadavere all'Istituto di Medicina Legale di Milano e gli abiti con gli oggetti rinvenuti ai laboratori del Ris di Parma.

A quel punto l'indagine si è divisa tra quella «sul campo» e quella prettamente scientifica e determinante.

Al loro interno si è rinvenuto il Dna con aplotipo Y, quindi maschile, ignoto. Poi un profilo noto sulla manica del giubbotto, identificato con quello di Silvia Brena, l'insegnante di ginnastica. La suddetta è stata sottoposta ad indagine, sia con intercettazioni ambientali, ed emersa estraneità totale sia per alibi, che per genuinità delle dichiarazioni, e come loro anche la posizione di altri.

Tracce dei cantieri sono state rinvenute nei polmoni e sui vestiti. Sono stati acquisiti elenchi di tutti gli operai che lavoravano nel cantiere di Mapello, da subito attenzionato, sono state messe telecamere che purtroppo registrano solo una settimana perché poi si sovrascrive. Abbiamo anche provato a smontare il disco di registrazione ma non è emerso nulla.

Interessante l'esame dei soci della discoteca Sabbie Mobili. Infatti abbiamo pensato che l'assassino avrebbe potuto essere un frequentatore di quel luogo. Abbiano dunque acquisito i nomi dei 31.000 soci della discoteca e poi i 5.000 schedati in quel periodo. È stato dunque individuato Damiano Guerinoni con un profilo genetico simile a quello di Ignoto 1 rinvenuto su slip e leggins. Era quello di certo il profilo più interessante per noi anche per la posizione in cui si trovava: proprio in corrispondenza del taglio verticale compiuto sull'elastico delle mutandine.

La pista genetica allora è diventata per noi un faro.»

Quando il colonnello Lo Russo ha pronunciato quella frase, io ho capito che sarebbe diventata «un titolo», come noi giornalisti diciamo quando c'è uno spunto di notizia su cui lavorare. In barba alla consapevolezza che la cronaca di un processo basato prevalentemente su una prova scientifica, pur inconfutabile, stava rischiando di perdere di interesse mediatico rispetto ad altri «casi», dove elementi come sesso, invidia, rapporti familiari complessi hanno trasformato una tragedia in un gossip anche poco edificante. Ma tant'è io stavo seguendo di fatto il «processo del secolo» ne ero consapevole. Come ha sempre sostenuto l'accusa e poi è stato confermato dalla Corte, se un Dna ignoto maschile viene trovato su uno slip o su un leggins di una ragazzina di 13 anni è innegabilmente interessante dal punto di vista investigativo, e a quel punto è giusto e normale che gli sforzi di tutti si siano concentrati su quello come punto di partenza, al quale legare tutti gli altri indizi.

Ma torniamo in aula.

I primi giorni di ottobre vengono sentiti la professoressa Cattaneo, consulente del PM, e la dottoressa Ranalletta medico legale della difesa.

I quesiti ai quali entrambe devono rispondere sono relativi alle cause della morte della tredicenne e all'orario. Due dati che – come vedremo – è stato difficile stabilire con certezza, ma lo si è fatto con probabilità, viste le condizioni di decomposizione in cui versava il cadavere, in particolare l'encefalo e alcuni arti.

Entrambi i consulenti in aula si danno battaglia su vari punti. Malgrado siano d'accordo su altri. I punti in comune riguardano le lesioni da punta e taglio che erano presenti su varie parti del corpo di Yara che la professoressa Cattaneo attribuisce ad una lama contenente titanio. E che, secondo la Ranalletta, dovrebbero essere state prodotte da una lama lunga. Di certo entrambe le consulenti sono d'accordo nel confermare che quelle lesioni non avrebbero potuto da sole produrre la morte di Yara. La Cattaneo ha poi spiegato che, malgrado l'encefalo fosse colliquato, era stato possibile stabilire che la piccola era stata colpita al capo da un oggetto contundente che le aveva provocato un'emorragia cerebrale e che, anche se non l'aveva uccisa, l'aveva portata ad un livello di incoscienza. Le cause esatte della morte non sono state stabilite con certezza né dalla consulente del PM né dalla dottoressa Ranalletta, consulente della difesa, a causa dello stato di decomposizione del cadavere. Tuttavia entrambe le consulenti sono state concordi nel ritenere che le numerose ferite da punta e taglio, provocate da una lama importante contenente titanio (simili a quelle dei cutter che lo stesso Bossetti utilizzava, come vedremo *N.d.R.*), non sono cause da sole dell'emorragia e della morte. Secondo la professoressa Cattaneo l'acetone contenuto nel sangue richiama ad un forte stress vissuto dal corpo a causa di una prolungata ipotermia, mentre per la Ranalletta l'elemento deriverebbe dal digiuno.

La difesa di Bossetti, infatti, ha sempre sostenuto che la povera ragazza non fosse morta sul campo di Chignolo dove era stata trovata, ma che probabilmente era stata tenuta rinchiusa chissà dove e poi abbandonata nel campo. Una tesi che, secondo la difesa, escluderebbe la responsabilità di Bossetti. Una tesi che si rifà ad alcuni elementi scientifici relativi allo stato di conservazione del cadavere. Oltre al medico legale è intervenuto anche un entomologo e un botanico a corroborarla.

È strano come, in aula, gli scienziati e, prima tra tutte, la professoressa Cattaneo, abbiano spiegato chiaramente e con elementi puntuali e scientifici come sia impossibile che quel corpo non sia rimasto nel campo dal 26 novembre 2010 al 26 febbraio 2011, la percezione che ne avevamo tutti era quella: nessun dubbio. Tuttavia anche in questo caso la platea di chi non era presente e la pletora dei sostenitori della difesa all'esterno alimentava il dubbio, l'incertezza e fantasiose tesi su un rapimento della piccola Yara da parte di chissà chi e della sua detenzione in un non meglio identificato luogo chiuso, con la conseguente uccisione avvenuta in non meglio spiegate circostanze e l'abbandono del cadavere in quel campo di Chignolo «allo sciogliersi dei ghiacci».

In conclusione, a causa della decomposizione di un cadavere rimasto in quel luogo aperto e sottoposto all'azione della macro e microfauna locale e alle intemperie durante mesi freddissimi, non è stato possibile stabilire con certezza le cause della morte e l'epoca.

Venendo a quest'ultima, infatti, il dibattito si è acceso in riferimento alle dichiarazioni della mamma di Yara, Maura Panarese, relativamente al cibo ingerito dalla figlia nel suo ultimo giorno di vita. Dato che nel caso di un cadavere decomposto l'unico elemento che può aiutare a stabilire l'epoca della morte è il contenuto gastrico, la professoressa Cattaneo, in sede autoptica, aveva infatti chiesto alla mamma della vittima cosa avesse mangiato. La donna aveva risposto: «Erano più o meno le 14 e mi sembra avesse mangiato del pollo o del coniglio con rosmarino e piselli di contorno». Effettivamente nel contenuto gastrico era stato rinvenuto rosmarino e delle proteine animali probabilmente riconducibili a carne bianca o pesce, con piselli. La diatriba con la dottoressa Ranalletta non è dunque nata sul dato scientifico emerso da autopsia che riconduce l'orario in un range tra le 22 del 26 novembre e le 24 o le prime ore del mattino successivo, ma sul fatto che la mamma di Yara in aula, durante il processo, avesse dichiarato: «Non ricordo bene cosa mangiò, ma mi pare pesce con rosmarino e piselli». Un dato irrilevante per la Corte che la difesa ha lungamente obiettato. Come è stato considerato irrilevante dalla Corte il fatto che potesse essere morta nella notte, visto che gli spostamenti di Bossetti registrati si riferivano all'ora della scomparsa.

Di certo, quello che impressionò tutti noi che eravamo in aula, durante le audizioni della professoressa Cattaneo, sono state sia le fotografie del cadavere, mostrate a porte chiuse solo a noi cronisti, sia un'affermazione della scienziata: la piccola Yara ha vissuto un forte stress (testimoniato dalla presenza anche di catecolamine e ulcerette gastriche) che l'ha condotta alla morte dopo una lunghissima agonia.

Infatti la diatriba sulla presunta differenza tra il luogo della morte e quello del rinvenimento del cadavere, poi risolta con le motivazioni della sentenza che hanno accolto le tesi e le consulenze dell'accusa, si è consumata intorno alla presenza di quella vegetazione sotto e intorno al cadavere. Sta di fatto che quando abbiamo visto la foto di quella manina aggrappata all'erba e abbiamo ascoltato la descrizione che ne ha fatto la Cattaneo e anche il colonnello Lo Russo, ognuno di noi ha sentito il sangue raggelarsi. Abbiamo tutti immaginato quale potesse essere stato il terrore vissuto dalla povera Yara quella sera: prima aggredita e rincorsa su quel campo dal suo aguzzino, poi colpita a morte, infine inconsciamente aggrappata alla vita che se ne stava andando lentamente, con tanto dolore fisico, al freddo e al buio. «Spasmo agonico» è definito dalla Corte l'ultimo tentativo della piccola Yara di aggrapparsi a quell'erba, alla vita.

Tuttavia, la difesa, che all'interno e all'esterno dell'aula ha insistito sul fatto che Yara non sia morta sul campo di Chignolo, ha tentato di seminare il dubbio. Devo riconoscere che in parte ci era riuscita ma solo nei confronti di chi non conosceva le carte e la storia.

Sul punto il giudice d'Appello scriverà: «Ritiene la Corte che siano del tutto condivisibili le osservazioni del giudice di primo grado secondo cui deve ritenersi provato che il decesso sia intervenuto nel campo di Chignolo e che il cadavere di Yara sia rimasto in quel campo nei tre mesi trascorsi tra la scomparsa ed il rinvenimento. Non si comprende bene per quale motivo l'assassino avrebbe dovuto correre il rischio di essere sorpreso con un cadavere, di cui avrebbe dovuto giustificare la provenienza; l'ipotesi di voler incastrare a tutti i costi Bossetti appare priva di qualsiasi aggancio probatorio. elemento di notevole rilevanza e difficilmente contestabile. In altri termini appare logicamente assurdo, a seguire l'ipotesi difensiva, che Yara, che aveva in mano, prima di morire, gli steli di quattro specie vegetali diverse, sia stata posizionata in un altro campo, guarda caso, con la mano destra proprio in corrispondenza sul terreno delle stesse quattro specie vegetali. La difesa, contrariamente a quanto sostenuto nei motivi di Appello, non è stata in grado di intaccare e scalfire tale elemento in quanto la prof. Cattaneo, in sede di esame da parte della Corte in data 9.10.2015, ha precisato che la foglia di Solidago gigante era attaccata al terriccio a sua volta adeso alla testa del cadavere di Yara (ha mostrato anche le relative foto). Del resto, l'ipotesi avanzata dalla difesa, secondo cui la foglia poteva essere stata introdotta nel laboratorio da qualcuno degli operatori che avevano effettuato il sopralluogo, appare del tutto fantasiosa ed irrazionale... Si conferma anche la fantasiosità dell'ipotesi difensiva secondo cui Yara sarebbe stata aggredita in un campo identico e portata, addirittura con la foglia attaccata alla testa, in altro campo. L'assassino doveva, se non altro, essere un esperto botanico! Al riguardo sono abbastanza risibili le specificazioni della consulente della difesa secondo cui l'autunno finisce il 21 dicembre essendo chiaro il riferimento all'autunno in senso meteorologico e il tardo autunno corrisponde perfettamente al 26 novembre, giorno della sparizione di Yara e della sua aggressione... la composizione floristica del materiale associato al corpo, distretto per distretto, rispecchia quello del luogo del ritrovamento; il materiale botanico rinvenuto sul corpo, inoltre, coincide perfettamente con quello del sito di ritrovamento. L'ipotesi della permanenza del cadavere in altri siti appare, come detto, del tutto inverosimile, e tale è stata definita dallo stesso consulente botanico ("piuttosto improbabile"); parimenti fantasiosa deve ritenersi l'ipotesi che Yara sia stata aggredita, spogliata, ferita e riposta in una cassa di zinco per poi essere portata nel campo di Chignolo, in quanto tale prospettazione si scontra con tutti gli elementi che si stanno evidenziando, e specificamente con gli steli racchiusi in mano nello spasmo agonico e con la foglia di Solidago gigantesca rinvenuta sotto il capo».

In aula è stata poi smontata la tesi dei difensori riguardo alle fibre tessili presenti nelle ferite che – secondo loro – sarebbero determinate dal fatto che Yara fu avvolta in una coperta rossa per essere trasportata. Le fibre per i giudici sono dovute solo alla contaminazione degli abiti e appare ancora una volta irrazionale l'ipotesi del trasporto in una coperta.

«All'interno delle lesioni ci sono solo quattro tipi di fibre difficilmente compatibili con l'avvolgimento di un cadavere in una coperta...» Si precisa poi che la corificazione del braccio non è in contrasto con la tesi della permanenza nel campo perché è un ambiente umido e accade che alcune parti del corpo possano degradarsi in quel modo.

«Quanto alle scarpe (che presentano imbrattamento dovuto a liquami putrefattivi in corrispondenza del margine posteriore interno) risultano slacciate parzialmente, la sinistra ha il nodo mentre il fiocco è slacciato, la destra è completamente slacciata); tale dato non può in alcun caso essere di supporto alla tesi difensiva in quanto le scarpe possono essere state allacciate in modo precario o si possono essere slacciate durante l'aggressione ed il ferimento (va ricordato che Yara aveva tolto le scarpe in palestra, per assistere alla lezione delle più piccole, e le aveva reindossate velocemente in quanto era in ritardo per il suo ritorno a casa), tanto più che appare poco verosimile che l'aggressore-omicida, qualora le avesse fatte reindossare, abbia fatto il nodo alla scarpa sinistra. Come detto, ogni indagine peritale ulteriore sarebbe superflua e non decisiva.»

La difesa ha insistito nell'affermare che la modalità di repertamento dei vestiti non era idonea e abbia potuto intaccare i reperti, ma in aula è emerso chiaramente che, vista la permanenza del cadavere vestito in quel campo e dato che il cadavere era ormai «immerso» nel suo stesso liquido di putrefazione, persino macchie e tracce superficiali sono state contaminate da quel liquido. Le deposizioni di alcuni consulenti della difesa sono state in quel senso mirate non tanto ad offrire una pista alternativa confermandola con elementi scientifici, ma a denigrare, criticare e cercare di smontare quanto fatto dagli inquirenti. Come se essi, senza che mai alcuna traccia di Bossetti fosse entrata in un laboratorio forense, senza che mai Bossetti fosse stato conosciuto, fermato, denunciato, esistito per le forze dell'ordine, si siano impegnati per «incastrarlo». Assurdo.

Anche sulla eventuale dinamica omicidiaria nulla è stato possibile concludere con certezza. Infatti non avendo elementi cadaverici chiari per dire che le ferite sugli arti inferiori fossero state delle conseguenze di tentativi di difesa, o che il taglio sotto la mandibola fosse stato inferto da sinistra verso destra o da destra verso sinistra, sempre a causa delle condizioni del cadavere, non si può dire come la piccola sia stata aggredita e con quale sequenza.

Roberta Bruzzone, secondo lei sarebbe stato possibile con gli elementi che si avevano a disposizione dire di più su com'è morta la piccola Yara? E cosa sarebbe cambiato?

Francamente, avendo esaminato nel dettaglio sia l'esame autoptico che la documentazione relativa al sopralluogo tecnico che venne effettuato a partire dal 26 febbraio 2011, non ritengo che potessero essere ottenute ulteriori informazioni relativamente all'epoca e alla causa di morte. Tutti i dati di matrice tanatocronologica che possiamo usare con le salme cosiddette «fresche» (ossia entro le 72 ore dal decesso - rigor, algor e livor mortis) erano ormai del tutto indisponibili e la parziale scheletrizzazione della salma ha comportato la dispersione di una serie di potenziali informazioni. È però emersa una sostanziale compatibilità tra le condizioni della salma (in avanzato stato di decomposizione) e l'epoca in cui è scomparsa la bambina. Tale dato consente di collocare l'omicidio nel medesimo intervallo temporale in cui è avvenuto il rapimento (ossia nella notte tra il 26 e il 27 novembre 2010). È emersa inoltre un'altra circostanza decisamente rilevante: il luogo in cui è stato trovato il corpo della bambina è anche il luogo in cui è stata aggredita ed è deceduta dopo alcune ore di agonia. Anche sul punto non vi possono essere dubbi di sorta dal momento che la bambina strige in una delle mani (anch'essa parzialmente scheletrizzata) un ciuffo d'erba del campo, che Yara ha strappato pochi istanti prima di esalare l'ultimo respiro.

Capitolo Terzo

Le tessere del puzzle

Calce o calcio? Ossido di calcio (o calce viva) o idrossido di calcio (calce spenta)? Su questo dilemma la difesa di Massimo Bossetti, in aula, ha tentato di confondere (invano) le carte, criticando aspramente l'affermazione della professoressa Cristina Cattaneo. Quest'ultima durante la sua deposizione aveva affermato che «nei polmoni di Yara erano state rinvenute tracce di calcio, o calce, e sugli abiti sferette metalliche». Entrambi elementi considerati importanti dal PM Letizia Ruggeri e dal Gip, determinanti per ricondurre l'aggressione ad una persona che avrebbe potuto avere dimestichezza o essere un appartenente, a vario titolo, al mondo dell'edilizia. Ovvio che – considerato l'alto numero di addetti all'edilizia nella provincia di Bergamo – comunque l'indicazione non restringeva così tanto il campo di indagine. Tuttavia, sicuramente individuava una pista plausibile. Naturalmente tutto ciò avveniva prima che venisse dato un nome e un'identità alla traccia di Dna e a tutte le altre tracce sul cadavere di Yara.

«Quando quelle sferette metalliche e le polveri di calcio furono isolate, abbiamo provveduto a prelevare dei campioni sulla cute dei Gambirasio, sugli abiti e nelle auto di famiglia, poi siamo andati a ricercarle anche nel centro sportivo, oltre che nel famoso cantiere di Mapello allora da noi attenzionato. Perché a casa Gambirasio? Perché era possibile che Fulvio, lavorando in quel settore, avrebbe potuto trasferirle sugli abiti dei familiari o in casa. Ma non abbiamo avuto alcun riscontro. Non c'erano né calcio, né sferette metalliche o elementi simili presso i Gambirasio, invece trovammo alcune sferette metalliche e polveri di calcio nel cantiere di Mapello, in quantità differente; dato non significativo, visto che ci lavoravano dei muratori», ha spiegato il colonnello Michele Lorusso nella sua deposizione in aula.

La difesa, a quel punto, ha insistito nello specificare i termini: «Non era calce quella sui vestiti e nei polmoni di Yara, come ha detto la professoressa Cattaneo, ma ossido di calcio, quindi non è detto che esso sia riconducibile a Bossetti o a un muratore, perché quell'elemento è un elemento che si trova in abbondanza in natura ovunque», hanno spiegato Salvagni e Camporini. Con l'eco scientifica e tecnica del loro consulente di parte, la dottoressa Ranalletta.

Anche in questo caso è stata tombale la conclusione della Corte di primo grado: «Sulle sferette metalliche, oggetto anche di una consulenza da parte di personale del Ris (sulla quale ci si soffermerà), la dottoressa Ranalletta non si esprime. Sulla presenza di particelle di ossido di calcio, già in sede di deposizione dibattimentale da parte della consulente era stato evidenziato come, essendo l'ossido di calcio (CaO), la c.d. *calce viva*, fortemente igroscopico, in un campo esposto agli agenti atmosferici avrebbe dovuto trasformarsi rapidamente in idrossido di calcio $Ca(OH)_2$, la cosiddetta *calce spenta*, a meno di non ipotizzare che il cadavere si trovasse nel campo da pochissimi giorni. Le polveri in questione, tuttavia, erano rilevate mediante analisi con il microscopio elettronico a scansione, che non legge l'idrogeno 58, il che spiega perché nelle tabelle della relazione autoptica le particelle vengano sempre indicate come CaO e non come $Ca(HO)_2$». Una spiegazione scientifica, dunque, che ha contribuito ancora una volta alla chiarezza sul punto.

Il clima in aula, tuttavia, man mano che le udienze andavano avanti e che si avvicinava l'audizione degli esperti sulla cosiddetta «prova regina», diventava sempre più «incandescente», nervoso, soprattutto da parte della difesa di Bossetti che – in sede di audizione dei testimoni dell'accusa – risultava chiaramente «perdente». A noi sembrava di assistere ad uno scontro sul ring tra due contendenti ben definiti e non era nemmeno nascosta la lotta all'ultima «consulenza» o deposizione.

Il nervosismo dei due difensori, tuttavia, veniva da entrambi dissimulato fuori dall'edificio del Tribunale dove sempre sia Salvagni che Camporini, attorniati dalla pletora di consulenti e «Bossettiani» della prima ora, mostravano una certa sicurezza. Cosa che emergeva prepotentemente soprattutto quando, ad ogni udienza del venerdì (una volta alla settimana, *N.d.R.*), facevano seguire la propria «ospitata» fissa alla trasmissione *Quarto Grado*, in onda su Rete 4, in prima serata. In quella sede, ovviamente, uno o l'altro, a seconda delle puntate, sostituiti a volte dal consulente «criminologo» Ezio Denti, riproponevano quella che era stata la loro «performance» processuale con gli stessi argomenti e spesso con gli stessi consulenti. Se questo sia corretto o no lasciamo al lettore decidere. Di certo a noi cronisti, che abbiamo sempre e solo riportato la cronaca di quello che avveniva in aula, quei dibattiti post udienze non potevamo non seguirli, pur con un certo fastidio, almeno per quanto mi riguarda.

Ma, purtroppo, la gente comune non comprende quali siano i limiti dell'etica nel nostro lavoro e preferisce, alle fredde e rigorose cronache del processo da leggere, gli urlatori e i «commentatori» che il più delle volte in aula non erano nemmeno venuti ad assistere alle udienze, oppure nel peggiore dei casi, se c'erano, dormivano.

Prima di entrare nel vivo del ritrovamento della traccia di Dna, divenuta prova regina del processo, chiedo a Roberta Bruzzone una valutazione sulla percezione mediatica di quel processo, in riferimento proprio alle ospitate in quella trasmissione tv da parte dei difensori mentre il processo era in corso.

Beh, la campagna mediatica, per altro ancora in atto, portata avanti (in primis) da uno dei legali della difesa di Bossetti, ossia Claudio Salvagni, ha conosciuto momenti davvero indimenticabili. Momenti che non sono neppure sfuggiti ai vari giudici che si sono occupati della vicenda nei vari gradi di giudizio. Diciamo che, per sintetizzare, difficilmente vi è stata piena aderenza tra ciò che veniva raccontato fuori dall'aula e ciò che, invece, avveniva in aula. Insomma, abbiamo assistito ad una narrazione ostinatamente alternativa che «spacciava» per clamorosi colpi di scena a favore dell'imputato tutta una serie di passaggi che, in realtà, sentenze alla mano, lo inchiodavano sempre più profondamente alle sue responsabilità. E certamente questa «confusione» sistematica (oggi mi sento particolarmente generosa) ha avuto certamente un ruolo nel creare il fenomeno, surreale e decisamente inquietante, dei cosiddetti (e autoproclamatisi tali) «Bossettiani». Questi soggetti, ancora oggi presenti e attivi sui social, si riunivano all'interno di gruppi social (in particolare su Facebook) gremiti di seguaci (svariate decine di migliaia) per commentare le dichiarazioni rese dai legali di Bossetti dopo le varie udienze (oltre una quarantina) argomentando in maniera sgangherata le varie informazioni e i presunti colpi di scena, minacciando e offendendo i vari protagonisti della vicenda che non la pensavano come loro (PM e giudici inclusi). E tale scenario è stato ampiamente considerato (assai negativamente) anche nelle varie sentenze: dall'atteggiamento in aula a quello mantenuto a favor di telecamera senza trascurare l'insussistenza delle argomentazioni tecniche avanzate a sostegno della loro improbabile tesi difensiva. Gli aggettivi «fantasiose, irrazionali, irrealistiche» tornano più volte nella descrizione che i giudici fanno delle tesi difensive in tutti i gradi di giudizio. Insomma, ne abbiamo viste davvero di tutti i colori e c'è chi ha creduto a questa «fanta-narrazione», sposandola in maniera indissolubile, fino a finire a sua volta sotto processo per minacce di morte e diffamazione nei confronti di coloro (me stessa in particolare) che hanno sempre sostenuto come davvero stavano le cose (ossia che Bossetti era certamente l'autore del brutale omicidio, come hanno confermato tre gradi di giudizio).

Per arrivare al Dna, dobbiamo capire quali furono i primi accertamenti degli investigatori esperti sul cadavere di Yara dopo il ritrovamento.

Lo hanno spiegato in aula sia il colonnello dei Carabinieri allora nei Ros Michele Lorusso, sia il dirigente di Polizia Stefano Bonafini, allora capo della Squadra Mobile di Bergamo e nel periodo del processo dirigente alla Questura di Venezia.

Prima di tutto la Polizia Scientifica ha provveduto a cinturare la scena del crimine e poi ha raccolto e sequestrato gli oggetti che si trovavano sul campo intorno al cadavere e che sembravano potessero rivelarsi interessanti: alcuni pezzi di plastica e frammenti di cellophane, un asciugamano, una salvietta di carta, un slip da uomo e alcune fascette metalliche, trovati lungo il muro perimetrale di un capannone (quindi lontano dal cadavere), due biglietti del parcheggio dell'aeroporto e due carte d'imbarco del 9 e 21 febbraio 2011, trovate nella parte sterrata di via Bedeschi, infine una roncola. Tutti reperti che, comunque, non hanno restituito alcuna traccia significativa o degna di nota e che risultarono inutili ai fini dell'inchiesta.

Nonostante i tre mesi trascorsi dalla scomparsa, furono poi acquisite le immagini delle telecamere di videosorveglianza delle ditte prospicienti il campo, le cui registrazioni, però, non andavano indietro nel tempo oltre al 15 febbraio e dalle quali non emerse nulla di interessante.

Furono svolti accurati accertamenti sui dipendenti e gli abituali fornitori delle quattordici ditte che si affacciavano su via Bedeschi, inoltre furono censiti 777 soggetti, tutti sentiti e sottoposti a prelievo salivare, senza esito alcuno.

La ricerca delle impronte latenti sui reperti acquisiti in sede di sopralluogo e, in particolare, sulla batteria del telefono e sul lettore MP3 diede esito negativo.

Il lettore MP3 aveva una macchia rossa, che, sottoposta al test Hexagon Obti per la ricerca di sangue umano, diede esito negativo. Probabilmente si trattava di ruggine o colore di altro tipo.

Settimane intere di ricerche affannose nella speranza di ottenere una risposta scientifica che, in questa prima fase, purtroppo non condussero ad alcuna conclusione.

Cosa fare? A questo punto non restava che sperare di trovare tracce eventualmente biologiche o genetiche sugli abiti della piccola Yara e sul suo corpo.

Da una salvietta sporca di sangue, trovata dalla Polizia Scientifica a circa 100 metri dal cadavere, e dai guanti di Yara, che si trovavano nella tasca del giubbotto, furono estrapolati due profili genetici maschili ignoti (uno sulla salvietta e uno sulla punta del pollice del guanto sinistro) e un profilo genetico femminile (sulla punta del medio del guanto sinistro) utili per le comparazioni, convenzionalmente denominati Uomo 1, Uomo 2 e Donna 1, che vennero confrontanti con i profili genetici di madre, padre, sorella e fratelli della vittima, inseriti nelle varie banche dati in uso alle forze di Polizia e, nel prosieguo, comparati con i profili dei 5.700 campioni salivari raccolti dalla Polizia di Stato e con tutti i campioni esaminati dal Ris di Parma, senza ottenere alcun riscontro.

Quei profili erano ignoti. Ma anche poco interessanti sotto il profilo investigativo. Facilmente sarebbero potuti appartenere a persone venute in contatto con i guanti, magari gli stessi operai che li avevano realizzati, mentre il fazzoletto avrebbe potuto essere di chiunque e comunque non era sul cadavere o nelle tasche, ma lontano dallo stesso.

Sui profili di donna e uomo che furono isolati sulle punte di un dito dei guanti di Yara, quelli che mamma Maura aveva acquistato per lei (come lei stessa ha raccontato), la difesa ha a lungo dibattuto. Mai ad essi è stato dato un nome. Tuttavia la Corte li ha ritenuti inutili, visto che – come vedremo – le tracce interessanti erano in ben altri indumenti e parti del corpo.

Ma andiamo con ordine, seguendo il racconto degli investigatori.

Mentre la Polizia e i Carabinieri indagavano intorno al campo e seguivano eventuali tracce intorno alla vita di Yara, il Ris di Parma, reparto specializzato dell'Arma nelle indagini scientifiche, esaminava gli indumenti della tredicenne, i tamponi subungueali, genitali e orali prelevati nel corso dell'autopsia, trasmessi dai medici legali. Questa la conclusione: «Su diciassette dei tamponi, sull'apparecchio, sulla maglietta, sul reggiseno e sulle scarpe era rinvenuto il solo profilo genotipico della vittima; sulla felpa in tredici punti veniva trovato il profilo genotipico della vittima e in uno (prelievo 28-19 nelle adiacenze della estremità superiore sinistra della zip) un profilo genotipico misto in cui era presente e ben interpretabile il profilo della vittima. Ma vi era anche il profilo non interpretabile di altro contributore; sul salvaslip non erano rilevati profili genetici».

Il 2 aprile 2011, invece, su una manica del giubbotto di Yara era isolato un profilo genotipico misto, la cui componente maggioritaria era perfettamente sovrapponibile al profilo dell'istruttrice di ginnastica ritmica Silvia Brena: «Silvia Brena e tutti i suoi familiari erano sentiti e intercettati e sottoposti ad una serrata indagine onde ricostruire i loro movimenti della sera del 26 novembre 2010, senza che emergessero elementi di sospetto a loro carico. Del resto, il suo stretto rapporto con la vittima era perfettamente in grado di spiegare perché il suo Dna si trovasse sulla manica del giubbotto della ragazzina».

Così verrà scritto nella sentenza e così era stato lungamente spiegato dallo stesso colonnello Lorusso: «Avevamo attenzionato sia nella fase della ricerca di Yara, che dopo la scoperta di quel Dna, sia Silvia Brena che suo fratello e i familiari alla ricerca di un indizio; ma avevamo riscontrato con certezza la loro estraneità potendo assolutamente dimostrare i propri alibi, più volte da noi confrontati ed accertati anche scientificamente».

Su questo punto la battaglia tra accusa e difesa è stata serrata. L'avvocato Claudio Salvagni che non ha mai nascosto la sua teoria, giudicata poi fantasiosa, ovvero che proprio Silvia Brena fosse l'autrice del delitto o comunque l'organizzatrice di un fantomatico rapimento seguito ad un clima di bullismo all'interno della palestra. Ma come abbiamo visto precedentemente sulla Brena e sui suoi parenti (in particolare il fratello) furono fatti tutti gli accertamenti del caso che non portarono a nulla. Inoltre entrambi avevano un alibi ampiamente verificato per quella sera.

Le indagini proseguirono fino a che, a maggio 2011, il Ris comunicava al PM che sul campione 31, prelevato dagli slip di Yara era stato estrapolato un profilo genetico maschile completo, utile per eventuali confronti, che da quel momento era convenzionalmente denominato Ignoto 1, profilo molto più ricco e, soprattutto collocato in luogo estremamente più significativo rispetto a quello di Brena Silvia sulla manica del giubbotto, ma anche più importante di quelli di Uomo 1, Uomo 2 e Donna 1 sulla salvietta raccolta a cento metri dal cadavere e sui guanti (che continuavano, comunque, come riferito dai testi Giuffrida e Asili, ad essere comparati con i vari campioni, senza alcun risultato).

In particolare, i reperti interessanti – per i due capitani del Ris Nicola Staiti e Fabiano Gentile che per primi lo hanno estrapolato – erano parecchi e si trovavano tutti o sugli slip o in corrispondenza dei tagli realizzati dall'assassino su essi, o sui leggins e quindi sui tagli degli stessi pantaloni. Sedici in tutto furono le campionature, che diedero lo stesso risultato, più due anche sui pantaloni realizzate successivamente.

I due ufficiali avevano lavorato fianco a fianco realizzando numerosi test per ottenere un risultato che in aula, entrambi, hanno definito univoco.

«Dagli accertamenti del Ris, ripetuti più volte, è emersa l'evidenza della traccia di Ignoto 1 in modo inequivoco, una traccia con Dna maschile abbondante e ben configurata che ha dato un profilo netto e perfetto.» Il punto, ovviamente, era allora dare un nome, un volto a quel profilo e determinare anche la natura di quella traccia. Sangue? Sperma? Sudore?

In verità – come vedremo – non è stato possibile stabilirlo con certezza. Ma in aula gli ufficiali del Ris hanno ripercorso i passaggi tecnici e scientifici e i numerosi test e gli esami che hanno portato da una parte a escludere la presenza di tracce di liquido seminale sul corpo e sui vestiti della vittima, dall'altro a stabilire con pratica certezza l'univocità del Dna maschile ritrovato sui reperti forensi. I due esperti hanno spiegato che, basandosi sui risultati ottenuti da 23 marcatori, quindi anche più del solito e del dovuto, è stato dedotto che è praticamente impossibile che esista un individuo con lo stesso Dna di quello di Ignoto 1. Secondo la RMP, Random Match Probability, il profilo che si è ottenuto dalle tracce sugli slip è «rarissimo, unico» e riguarda «un soggetto ogni 3.700 miliardi di miliardi di miliardi di individui».

La difesa nella prima fase dell'audizione di Staiti e Gentile ha fatto istanza alla Corte di poter visionare i raw data dell'indagine genetica effettuata su quelle tracce. Ovvero tutti quei dati grezzi che costituiscono un po' il brogliaccio scientifico, con appunti e indicazioni in calce che corredano quelli dei risultati.

«Non ce li volete dare? Forse avete qualcosa da nascondere!» hanno tuonato i due avvocati difensori. Ma i due capitani del Ris, dopo che la Corte ha accordato alla difesa di poter avere a disposizione i dati grezzi, hanno chiesto tempo. «Non è che non vogliamo consegnarli, ma si tratta davvero di materiale ingente e comunque ci metteremo parecchio tempo per riversarlo in formato digitale.» Una questione come si suol dire di «lana caprina» che tuttavia la difesa ha più volte tenuto a sbandierare come «fondamentale» per stabilire la verità. Salvo poi, dopo che quei dati li ha avuti a disposizione Marzio Capra, ex ufficiale del Ris e oggi consulente genetista della difesa di Bossetti, non sono stati nemmeno utilizzati.

In pratica non erano poi così fondamentali? Comunque facciamo un passo indietro e torniamo alla famosa traccia di Ignoto 1.

«Un faro» dal punto di vista investigativo, ha definito quel Dna più volte Letizia Ruggeri e anche il colonnello Lorusso, che tuttavia per gli scienziati che ci hanno lavorato era un dato scientifico preciso e unico.

Come sappiamo bene, infatti, il Ris, la Polizia Scientifica e i genetisti si sono occupati dell'individuazione della traccia e del suo studio, ma non della parte investigativa e delle intuizioni «sul campo» che poi hanno portato a dare un nome a quella traccia. Ed è stato ripetuto a più riprese e da parecchi attori in quella fase, che mai in nessuno dei laboratori che hanno lavorato su quella traccia era transitato o avrebbe potuto il profilo di colui che poi sarebbe diventato l'imputato.

Devo ammettere che, arrivati a questo punto del processo, il nostro interesse era alto. Volevamo conoscere da vicino la famosa «prova regina» e ci siamo posti come studenti desiderosi di imparare e capire i segreti della genetica, pur non essendo molto avvezzi alla materia. Non nascondo che alcune udienze molto tecniche sono state difficili da sostenere per me, laureata in materie letterarie e non particolarmente abituata a discutere di biologia e scienza. Ma chi ci ha spiegato bene tutto su quella traccia e sull'indagine genetica, che ha condotto a Bossetti, è stato esauriente e chiaro. Non era mai accaduto, almeno a mia memoria, che un'aula di giustizia potesse trasformarsi in un'aula universitaria dove assistere a delle vere e proprie lezioni da parte di docenti di alto livello. Alla fine una materia difficile si è trasformata in un'indagine affascinante.

Prima di addentrarci in quelle «udienze-lezioni», chiediamo alla nostra esperta Roberta Bruzzone quanto, secondo lei, ha pesato in un processo come questo l'audizione in aula di importanti esperti di genetica forense?

Permettetemi di fare un discorso un po' più ampio, magari anticipando alcuni passaggi della vicenda, perché il capitolo Dna in questa storia merita tutta la nostra attenzione. Proprio sul punto lo scontro tra accusa e difesa in aula è stato durissimo. Tuttavia la difesa, con i suoi consulenti (tra cui l'ex Ris Marzio Capra) non è mai riuscita a gettare dubbi realistici sull'affidabilità dell'accertamento genetico. Ma è interessante ricostruire cosa è avvenuto dopo che il Ris di Parma, nel marzo del 2011, aveva isolato sulle mutandine di Yara il profilo genetico ribattezzato Ignoto 1. L'unica pista disponibile. Ma a quella traccia così preziosa andava associato un volto e un nome. Si iniziarono quindi i prelievi di Dna. Le prime persone a cui si chiede di sottoporsi al test sono tutte interne al raggio di conoscenze della tredicenne: parenti, amici, compagni di classe, frequentatori della palestra, ma anche alcuni operai dei cantieri di zona. Un po' alla volta, poi, il cerchio si allarga e si cominciano ad analizzare anche i profili delle persone i cui cellulari, la sera della scomparsa di Yara, avevano agganciato celle compatibili con la loro presenza a Brembate di Sopra.

È, in particolare, una la traccia su cui si concentrano le indagini: appartiene a un uomo ed è stata estratta dagli slip della vittima. È proprio la peculiarità della collocazione a fare la differenza: come può trovarsi del Dna maschile sulle mutandine di Yara, se non perché collegabile all'omicidio? Per intenderci, anche sulla manica del giubbotto della ragazza viene trovata una traccia di Dna mista, appartenente in misura minoritaria a Yara e in misura maggioritaria a un'altra donna, nello specifico a una sua insegnante di ginnastica ritmica. Ma una traccia su una manica del giubbotto è diversa da una traccia su uno slip, che è un indumento che difficilmente viene a contatto con soggetti «terzi». Tanto più che, sulla base dei test effettuati, si capisce che non si tratta di un Dna appartenente a un parente o a un conoscente stretto della bambina. L'uomo a cui appartiene questo Dna diventa il ricercato numero uno per l'omicidio di Yara Gambirasio: è il cosiddetto Ignoto 1. Il suo profilo corrisponde a ben 16 campionature sugli slip e a due sui leggins di Yara.

Il Ris, attraverso prelievi a tappeto, lavora incessantemente alla ricerca del match.

Finalmente, a ottobre 2011, qualcosa succede: grazie a un test del Dna viene individuato un soggetto il cui aplotipo Y è identico a quello di Ignoto 1. L'aplotipo Y, infatti, si trasmette di generazione in generazione tra i figli maschi (in via patrilineare), quindi questo soggetto e l'assassino di Yara sono parenti. La persona in questione si chiama Damiano Guerinoni, è il figlio di una signora che aveva lavorato come domestica dalla famiglia Gambirasio e, nel tempo libero, frequenta una discoteca situata a poche centinaia di metri dal campo di Chignolo d'Isola. Ci vuole poco a risalire ai suoi parenti maschi e a prelevare loro il Dna. Ed è proprio un cugino di Damiano, Pierpaolo, ad avere un profilo genetico ancora più simile a quello dell'assassino. Talmente simile da poter stabilire che all'87,39% si tratti di suo fratello. Ma, a sorpresa, il Dna dell'unico fratello maschio di Pierpaolo non è compatibile al 100% con quello di Ignoto 1.

Il padre di Pierpaolo, tal Giuseppe Benedetto Guerinoni, ex autista degli autobus originario di Gorno, in Val Seriana, è morto nel lontano 1999 all'età di 61 anni. Si prova comunque a estrarre il suo Dna dal retro del bollo della patente e da alcuni francobolli da lui utilizzati. La comparazione con il profilo genetico di Ignoto 1 dà una probabilità di più del 99,9% che si tratti di padre e figlio. Viene chiesta la riesumazione del corpo, per avere la conferma definitiva. Bisognerà attendere il febbraio 2013 per l'autorizzazione da parte della Procura di Bergamo. Il risultato è un centro perfetto: è Giuseppe Guerinoni, senza alcun dubbio, il padre biologico dell'assassino di Yara. Sembra la trama di un film: Giuseppe Guerinoni deve aver avuto un figlio illegittimo, fuori dal matrimonio. Nessuno dei suoi cari ne era a conoscenza e lui è morto, quindi non può raccontare le sue storie passate. E lui, Ignoto 1, sa di essere figlio di Guerinoni?

Nel frattempo, è già partita la caccia alla sua madre biologica: se è ancora in vita, potrebbe essere l'unica persona in grado di rimettere insieme tutti i pezzi del puzzle. Ma lei non si fa avanti, quindi bisogna cercarla. La ricerca è rivolta a donne più o meno coetanee del Guerinoni, che in età fertile vivevano nei luoghi da lui frequentati in Val Seriana e che, magari, in seguito si sono trasferite vicino ai luoghi collegati al delitto di Yara, quindi nella zona dei cosiddetti «Comuni dell'Isola».

E ancora una volta, la mano di uno sceneggiatore non avrebbe saputo fare di meglio... perché già nel luglio 2012 il caso si sarebbe potuto chiudere, se non fosse stato per un banalissimo errore. All'epoca, infatti, proprio nel tentativo di trovare la madre di Ignoto 1, erano stati confrontati i Dna mitocondriali di 532 potenziali amanti di Guerinoni con il profilo mitocondriale presente sulle tracce 31-G19 e 31-G20, ossia sui leggins e sugli slip di Yara. Nel 2014, però, il genetista Carlo Previderè, incaricato dal PM di analizzare peli e capelli rinvenuti sul corpo di Yara, fa una brutta scoperta: il Dna mitocondriale considerato, fino a quel momento, di Ignoto 1, era in realtà quello di Yara. Quindi, fino a quel momento si è fatto il confronto sbagliato: si è confrontato il Dna mitocondriale delle potenziali amanti di Guerinoni con quello di Yara, anziché con quello del suo assassino. Attenzione però: stiamo parlando del Dna mitocondriale, quello che si trasmette di madre in figlio, non di quello nucleare che invece aveva permesso, senza alcun dubbio, di stabilire la parentela tra Guerinoni e l'assassino. Questo punto è molto importante perché negli anni successivi ci sarà gran confusione a riguardo e molti tentativi di negare l'evidenza.

Anche se, fortunatamente, non è proprio tutto da rifare: il professor Previderè, infatti, fa un'altra importantissima scoperta. Il Dna nucleare di Ignoto 1 contiene un particolare allele, presente solo nello 0,10% della popolazione europea. Non essendo presente nel Dna di Guerinoni, questo allele è stato sicuramente ereditato dalla madre dell'assassino. Ebbene, andando a rivedere i 532 profili genetici prelevati, si scopre che quell'allele è presente solamente nei profili genetici di due sorelle, che si erano sottoposte al tampone salivare nel luglio 2012. Ed è proprio una di loro, Ester Arzuffi, la persona giusta, il pezzo mancante del puzzle che finalmente può far chiarezza sulla tragica morte di Yara. Ester, 67 anni, in gioventù aveva vissuto per alcuni anni a Parre, dove risiedeva anche Giuseppe Guerinoni. Poi, nel 1969, insieme al marito sposato nel '67, si era trasferita a Brembate di Sopra. Aveva avuto tre figli: due gemelli, un maschio e una femmina, nati nel 1970, e un altro maschio nato qualche anno più tardi. Il suo Dna parla chiaro: è lei la mamma di Ignoto 1.

Gli inquirenti si concentrano da subito sul primogenito della Arzuffi, Massimo Giuseppe Bossetti, il cui secondo nome, «Giuseppe», sembra essere già piuttosto evocativo. Ma, suggestioni a parte, i motivi che lo mettono sotto i riflettori sono il fatto che sia nato nel 1970, quindi in epoca vicina al periodo in cui la donna poteva essere stata a contatto con Guerinoni, il fatto che sia un muratore – e ricordiamo che il cadavere di Yara aveva nei bronchi e nei vestiti polvere di materiale edile – e il fatto che il suo cellulare, alle 17.45 del 26 novembre 2010, aveva agganciato una cella compatibile con l'area in cui, un'ora più tardi, sarebbe scomparsa Yara, per poi spegnersi fino al mattino seguente.

Il 15 giugno 2014 Massimo Giuseppe Bossetti, che vive a Mapello, viene fermato per quello che crede essere un normale controllo stradale. Gli viene fatto l'etilometro, ma in realtà è una scusa per riuscire ad avere un tampone con il suo Dna. Il risultato è immediato: il suo profilo combacia al

100% con quello di Ignoto 1. Non ci sono più dubbi, ecco la prova regina: è lui l'assassino di Yara.

Eccoci di nuovo in aula.

Il 21 ottobre 2015 ha fatto il suo ingresso in aula per la sua deposizione il colonnello Giampietro Lago, comandante del Ris di Parma. Classe 64, il militare vanta una laurea in Scienze biologiche con applicazione alla legge e una in Scienze forensi con master di secondo livello in Biologia. Dalla fine degli anni Ottanta ha partecipato a numerosi congressi internazionali sul tema come genetista forense, ed è accademico all'Università Scienza e Vita. Un curriculum di tutto rispetto che ai difensori di Bossetti non è bastato, visto che il professionista è stato attaccato in quanto aveva assunto un incarico dal PM Letizia Ruggeri per una consulenza biostatistica realizzata negli Stati Uniti, al di fuori dell'incarico come comandante del Ris: «incompatibile» è stata definita da Salvagni e Camporini. Ma anche su questo appunto la giuria è andata avanti accogliendo la consulenza Lago come integrativa di quella sul Dna presso il Ris.

Nella sua lunga deposizione, durata almeno tre udienze, Lago ha descritto tutto il lavoro dei suoi uomini. Dal momento della denuncia, quando ancora il cadavere non era stato rinvenuto, agli esami successivi. Ha descritto la seconda fase della loro attività, realizzata in collaborazione con il team della professoressa Cattaneo, come «finalizzata ad acquisire le massime informazioni scientifiche e sui reperti per accertamenti complessi e lunghi che si sono concentrati sulle tracce biologiche e genetiche, poi anche dattiloscopiche, e anche su impronte parziali rinvenute sui resti di dita e mani. Si è trattato di operazioni complesse e articolate – ha spiegato – che sono state completate con analisi di altre discipline come la chimica, la tossicologia, la merceologia per le fibre, la videofotografia per gli aspetti relativi alla comparazione delle immagini, la balistica, la microscopia...». Il filo conduttore tuttavia è stato l'indagine divisa nelle tre fasi: prima del ritrovamento, dopo il ritrovamento con acquisizione del Dna e altri dati, e infine l'attribuzione di Ignoto 1.

Il colonnello ha passato poi a descrivere la prima fase, quella precedente al ritrovamento della salma della bambina: dal 29 novembre 2010, quando è stata affidata al Ris la delega del magistrato per le indagini scientifiche, fino al marzo 2011, quando sono arrivati i primi reperti da cui estrarre il Dna e quando di fatto è stata isolata la traccia di Ignoto 1.

Nella prima fase comunque è stato ribadito che nessun dato rilevato era stato evidenziato come interessante per scoprire un responsabile. «In questa fase l'analisi degli oggetti è stata decisamente importante e tutte le procedure di estrapolazione e condivisione dei risultati sono state adottate formalmente dal nostro reparto in base a parametri oggettivi riconoscibili, scritti, verificabili, anche perché il laboratorio del Ris è accreditato e certificato – ha spiegato Lago e questa precisazione è molto importante anche perché la difesa attaccherà su questo punto. – Tutti gli esiti emersi nel tempo prima di essere considerati e scritti vengono verificati esclusivamente dagli esperti del laboratorio.» La precisazione di Lago è poi stata arricchita dell'esempio relativo alla ricerca di sperma nella traccia che è risultato non presente in nessun tipo di test, sia biochimico che di altro tipo. «Tutto quello che è stato fatto è stato monitorato e controllato nonché approvato da un'organizzazione militare!»

A questo punto la difesa ha eccepito: «Le affermazioni di Lago sono inutilizzabili perché il colonnello non ha partecipato direttamente a tutti i test!».

Sul punto la Corte ha tagliato corto: «Il Comandante del Ris come tale ha il controllo sui suoi uomini e quindi può riferire della loro attività anche se non ha partecipato direttamente ai singoli esami tecnici».

Relativamente ai prelievi di Dna dai reperti Lago ha illustrato tutti i passaggi. «Nella maggior parte dei reperti abbiamo isolato il Dna di Yara e poi cercato se individuare un cromosoma Y, ovvero la presenza di un profilo maschile. Relativamente alle tracce abbiamo individuato il sangue su 120 prelievi in 10 casi e la saliva in un caso solo. Mai lo sperma e in 17 casi tra quelli analizzati il profilo era sempre quello della vittima.» Lago ha poi elencato tutti i reperti (maglietta, felpa, apparecchio, assorbente ecc.) e la quantità di profilo genetico della vittima rinvenuto. Sul giubbotto è stato rinvenuto il profilo di Silvia Brena, insegnante di ginnastica di Yara. Giunti all'esame dello slip, il Ris ha individuato un cromosoma Y maschile, relativo ad un profilo genetico maschile ignoto ritenuto da Lago: «Straordinario per rilievo di qualità e quantità, nella parte superiore pulito e inferiore copiosamente interessata dai liquidi di decomposizione; in particolare era nella parte anteriore destra in corrispondenza del taglio, e proprio questo è determinato da un soggetto attivo...». Senza tediare il lettore con il lungo elenco di tutti i prelievi effettuati sullo slip dalla parte del taglio e sulla tecnica di rilevazione del profilo con le tecniche della luminescenza, Lago ha concluso: «È emerso in maniera chiara e inequivocabile che era presente un altro profilo oltre a quello della vittima, un'altra persona di sesso maschile e ignoto che abbiamo denominato Ignoto 1».

Stesso profilo è stato estrapolato sul leggins in corrispondenza dello stesso taglio «discretamente consistente».

A quel punto il Ris ha proceduto alla fase della divisione in griglia del reperto, all'estrapolazione di tutte le tracce di Dna e alla quantificazione.

Sono state mostrate le tabelle in cui era indicata la quantità di Dna femminile della vittima e quella maschile dell'ignoto considerate sufficienti dalla letteratura scientifica internazionale per un'identificazione del profilo. La quantità di quello maschile era di 2.500 picogrammi al ml. Una traccia rilevata in mistura con quella della vittima, ma considerata abbondante. Cosa vuol dire? «Che si tratta di una matrice biologica in cui concorrono due persone, ovvero la contribuzione di due profili: il Dna della vittima e quello del maschio Ignoto sempre uguale a se stesso, ovvero Ignoto 1.»

Nella traccia denominata 31G1, ad esempio, la componente maschile è maggioritaria e il profilo è sempre uguale a se stesso negli alleli. «A quel punto abbiamo rilevato più marcatori per identificare i profili e abbiamo diviso lo slip in quadranti di una griglia denominando le tracce da 31G1 a 31G24.» Lago ha poi proceduto ad illustrare uno per uno i quadranti della griglia spiegando quali le quantità di Dna rilevate e quali (ovvero maschili e femminili). Il dato ottenuto è stato ripetuto con sette kit diversi sempre confermati in maniera ampia e indiscutibile. «Tutti i dati hanno confermato questo profilo di quantità bella, solida e per tutti i tipi di alleli – ha aggiunto l'esperto – qualunque anomalia è stata superata con un nuovo kit e ha riconfermato in qualità e quantità il livello ottimale della traccia.»

Stabilita la fondatezza del dato genetico bisognava stabilire la natura della traccia? Insomma si trattava di sangue, saliva, sudore o sperma? Sono questi infatti i liquidi biologici che sempre possono celare un profilo genetico.

«In 22 casi è stata testata la saliva – ha spiegato – ma è risultato negativo; in 10 prelievi il liquido seminale e anche questo negativo a vari tipi di test. Abbiamo poi effettuato 62 prelievi sulla parte superiore dello slip per il liquido seminale e 3 per l'urina. Alla fine sono emersi i dati di due persone, sempre Dna di Yara e Dna Ignoto 1. La presenza della traccia biologica maschile era ancora più forte in corrispondenza della macchia sugli slip dove c'era il Dna. E in un caso non misto ma univoco, eccellente e sui leggins sempre misto alla vittima. Insomma a quel punto l'ipotesi che il Dna Ignoto fosse del soggetto attivo del delitto era fortissimo. Per questo abbiamo formalizzato l'informazione e l'abbiamo trasmessa alla Procura che poi è andata alla ricerca del soggetto Ignoto 1. Per fare ciò in genere si utilizzano 15-16 marcatori senza margini di errore o bassissimo, ma noi abbiamo esteso poi la ricerca a tutti i marcatori sul mercato arrivando a 24.»

La PM gli ha poi chiesto: «Perché aveva fatto le ricerche in due istituti universitari diversi? Ovvero Pavia e Roma Tor Vergata?».

Lago ha spiegato: «Prima di attivare quell'enorme gamma di attività che è costata tantissimo era interessante raccogliere informazioni fondamentali da un punto di vista della capacità di identificare i dati acquisiti. Per questo le ricerche sono andate al di là del bastevole e dovevamo capire chi era Ignoto 1 per stringere il cerchio verso una persona e quindi le ricerche avrebbero dovuto essere sinergiche tra istituti diversi e con le indagini sul campo. Noi dovevamo capire se aveva senso dare un nome a quella traccia, a livello scientifico. Gli investigatori avrebbero fatto il resto. Ecco perché avviammo anche contatti internazionali».

Sulla decisione della Procura di inviare Lago in un laboratorio di ricerca sul Dna negli Stati Uniti per uno studio biostatistico sulla traccia c'è stata battaglia da parte della difesa.

Si è trattato di questioni di procedura, superate dalla Corte che hanno restituito un solo dato: «Dall'analisi biostatistica è emerso che quella traccia sarebbe potuta appartenere ad un soggetto di sesso maschile sui 40 anni circa, residente nella zona e con la probabilità che gli occhi potessero essere azzurri del 94 per cento. Lo studio ha escluso un'identità nordafricana».

Riguardo ad un tema molto dibattuto ovvero la non presenza di Dna mitocondriale di Bossetti sulla traccia di Ignoto 1, Lago ha spiegato: «Il Dna mitocondriale non rileva ai fini identificativi e quando si è in presenza di Dna nucleare non serve studiare il mitocondriale». Ma in questo caso l'istituto americano fece un ulteriore studio anche sul mitocondriale in quanto i mitocondri si trasmettono dalla madre, ma non identificano. È utile solo nei casi di mummie o di studi sulla specie antica.

A quel punto il PM ha chiesto: «Ci spiega ancora una volta la differenza tra il Dna nucleare e quello mitocondriale?».

Il colonnello ha cercato di fare un esempio per chiarire: «I mitocondri si trovano nella cellula in spazi diversi rispetto al nucleo e sono molto variabili. All'interno, infatti, si trovano piccoli anelli di Dna con una decina di aplotipi, mentre ogni Dna ha tre miliardi di pioli di una scala nel nucleo, i mitocondri in ogni cellula sono al massimo alcune migliaia. È come se tutto il Dna fosse uno stadio con l'ingresso, gli spalti, i tornelli, i palloni, mentre dentro ogni pallone ci fosse una pallina da ping pong. Con la morte cellulare le membrane si rompono e, mentre il Dna rimane (lo stadio), le palline si degradano. Quindi l'identificazione del soggetto è nel nucleo del Dna, il resto è mitocondrio e non conta. Dai mitocondri comunque posso avere informazioni di altro tipo e comunque sempre sulla linea materna. La conclusione: sulla traccia 32.3 abbiamo il mitocondriale di Yara, sulla traccia G.20 abbiamo a disposizione quello della vittima e qualcosa che non lo è. Ma non possiamo stabilirne la natura, è un fatto nuovo. Importante è che il Dna nucleare sia abbondante e questo è così. Tanto è vero che tanti test diversi non hanno fallito e hanno restituito lo stesso risultato. Il fatto che non abbiamo visto il mitocondriale di Bossetti non vuol dire che non ci fosse stato. Le ipotesi perché non lo vediamo possono essere diverse: si tratta di liquido seminale con poco nucleare e non mitocondri, oppure tutto ciò è coerente con la degradazione del mitocondriale nei liquidi putrefattivi. Tuttavia il fatto che ci sia questa anomalia non inficia sulla purezza del Dna nucleare che ha dato un univoco risultato. La probabilità di errore di identificazione su 52 marcatori diversi e decine di test nel nostro caso sarebbe stato uno su 20 miliardi! Quindi impossibile!».

La difesa ha provato a provocare: «Il Dna di Bossetti è mai transitato nei vostri laboratori?».

«No, sarebbe stato impossibile.»

Il colonnello Lago insomma è rimasto granitico e chiaro sul punto: il Dna nucleare nei reperti più interessanti, ovvero negli indumenti intimi, in corrispondenza con i tagli, è di Massimo Giuseppe Bossetti.

L'escussione del test, che a noi è sembrata interminabile, è proseguita con l'analisi degli accertamenti chimici e merceologici effettuati dal Ris sui reperti provenienti dall'autopsia. Si è parlato infatti di merceologia sugli indumenti con trasferimento da un soggetto all'altro che vengono in contatto, oppure con trasferimento di un oggetto (esempio la lama di un coltello) su un indumento.

È stato poi spiegato quante fibre sono state isolate sul giubbino e sui leggins della vittima e se queste potessero essere compatibili con quelle dei sedili del furgone di Bossetti, sequestrato comunque quattro anni dopo il rapimento e il delitto.

Non volendo tediare il lettore dopo alcune udienze e l'audizione di vari esperti è stato concluso che purtroppo malgrado 22 delle migliaia di fibre isolate possano essere simili a quelle dei sedili di un furgone di quella marca e modello, comunque non è stato possibile stabilirlo con certezza scientifica visto il tempo trascorso e la non indistinguibilità delle stesse.

A questo proposito la difesa ha ipotizzato che quelle fibre potessero essere compatibili con quelle dei sedili del pullman di linea che Yara prendeva a volte per tornare da scuola. E hanno su questo punto prodotto una foto. Ma le testimonianze e la foto stessa hanno smontato la loro ipotesi, in quanto non compatibile.

La questione delle sferette. Il colonnello Lago ha descritto l'esperimento che era stato compiuto dal Ris per la compatibilità tra le famose sferette metalliche isolate sui tessuti di Yara e il deposito da parte di chi esercita il mestiere di carpentiere/muratore. Il Ris, infatti, aveva confrontato i dati rilevati sul cadavere della vittima con quelli di quattro tornitori della provincia di Parma presi a caso come cavie. Per il giudice il test ha dato un risultato di sufficiente compatibilità malgrado l'opposizione della difesa. «Avreste dovuto confrontarle con la sorella di Yara o con ragazzi della sua età e della sua zona», ha urlato Salvagni. Ma per Lago: «Noi produciamo evidenze scientifiche ma se i campioni non ci consentono di fare osservazioni quantitative ne facciamo di qualitative in modo che supportino una tesi: in questo caso che possa essere avvenuto un trasferimento dal furgone agli indumenti della vittima».

Per Camporini tuttavia: «I colleghi di Lago della Scientifica non avevano parlato di trasferimento su indumenti, ma di diffusione nell'ambiente. Le sferette erano secondo la Polizia anche nel terreno sotto il cadavere». Un'obiezione che tuttavia non ha avuto seguito e dopo altre spiegazioni sulle compatibilità di fibre e sferette in quantità differenti, la conclusione che è bastata alla giuria è stata che non sono incompatibili. I parametri internazionali applicati dal Ris in questo tipo di analisi hanno condotto alla diagnosi di compatibilità chimica, merceologica, morfologica e cromatica tra le fibre e le sfere sugli indumenti della vittima e quelle dei sedili del furgone di Bossetti.

I dati grezzi

I raw data. Una parola entrata prepotentemente nel processo Bossetti di primo e anche secondo grado. Si tratta dei brogliacci, degli appunti, di ogni minimo scritto relativo ad un'indagine genetica che gli scienziati redigono. Dati che spiegano, momento per momento, passo dopo passo, tutti gli atti compiuti per effettuare un accertamento e giungere ad una conclusione. In pratica dati che – dal punto di vista forense – non vengono mai né richiesti, né prodotti in un processo. Ma in questo processo, che di «consueto» ha avuto ben poco, è stata la difesa dell'imputato a chiederli con forza già dall'udienza successiva alla prima audizione di Giampiero Lago.

Era il 13 novembre 2015 quando nell'Aula Uno del Tribunale di Bergamo è scoppiata l'ennesima accesa lite tra l'avvocato Claudio Salvagni e il PM Letizia Ruggeri.

Una lite seguita proprio alla richiesta fatta dal legale al Ris dei dati grezzi in possesso del laboratorio, riguardo all'esame del Dna sui reperti relativi al caso Yara. La Ruggeri ha spiegato che quei dati erano arrivati nel suo ufficio durante l'indagine, ma che non erano assolutamente fondamentali e non aggiungevano nulla di significativo all'inchiesta e soprattutto alle risultanze sull'identificazione del Dna di Ignoto 1.

Dopo il battibecco in cui entrambe le parti non hanno lesinato i soliti «complimenti» reciproci sulle modalità del lavoro, il giudice ha tagliato corto: «In questo processo vogliamo offrire il massimo del contraddittorio tra le parti e quindi chiediamo di mettere a disposizione i dati grezzi in possesso del laboratorio del Ris riguardo al Dna».

«Si tratta di migliaia e migliaia di comparazioni e non sarà semplice ritrovarle e inserirle in un Cd», ha spiegato il colonnello Lago.

Ma Salvagni ha insistito: «Tutti siamo sconvolti dalla confusione e dal caos in cui sono conservati questi dati ed è di una gravità assoluta! Detto ciò, abbiamo chiesto se dentro i dati consegnati a noi ci sono tutti i raw data, le radiografie degli interventi fatti durante l'indagine. Altrimenti è stato leso il diritto di difesa e quindi tutto è inutilizzabile. Non venissero a inventarci che c'è confusione ed è impossibile tirar fuori i dati grezzi, per noi non solo sono importanti quelli relativi ai leggins e agli slip ma tutto, anche dove non c'è la traccia di Ignoto 1... Li ho chiesti almeno cento volte e ancora non li hanno dati».

La Corte ha aggiunto: «Il PM ha segnalato le tracce con Ignoto 1 per specificare che ce ne sono alcune in cui non c'è e per questo le integra adesso».

«Io credo che avere tutti i dati ci dia misura del metodo di indagine anche quindi non capiamo perché il PM prima si oppone e poi integra...»

Ha fatto eco l'avvocato Andrea Pezzotta difensore di parte civile per la mamma di Yara: «Sull'approfondimento dell'indagine su tutti i reperti con la traccia di Ignoto 1 siamo tutti d'accordo».

Nell'attesa dei raw data si è proceduto con l'audizione di tutti gli altri test che hanno lavorato su reperti e tracce genetiche. Prima di tutto la dottoressa Paola Asili, classe 1974, responsabile della sezione Indagini Scientifiche e Forensi presso il Laboratorio di Polizia Scientifica di Roma. Biologa e genetista, dirige proprio la parte genetica sul Dna di quel laboratorio.

«Abbiamo iniziato a indagare sul caso Yara già nel maggio 2011, quando i colleghi dell'Arma ci hanno trasmesso le tabelle con i marcatori genetici prelevati dai campioni a loro disposizione e in particolare per il profilo di Ignoto 1, con aplotipo Y. In seguito sono arrivati gli elettroferogrammi delle tracce 31G20 e 31G1est che hanno confermato quell'aplotipo e quei marcatori.

Quando abbiamo letto quei dati, abbiamo esclamato: la qualità e la natura pregevole di quella traccia genetica difficilmente si trova nei campioni forensi, se non in quelli salivari; la qualità era ottima! Un vero unicum a livello nazionale rispetto ai campioni esaminati ovvero 5.570. Come strategia e per ottimizzare i tempi abbiamo proceduto ad analizzare il cromosoma Y, per vedere se si trovava un soggetto con lo stesso aplotipo e quindi della stessa famiglia.

Il 21 ottobre 2011 tra i soggetti clienti della discoteca Sabbie Mobili ai quali era stato prelevato il Dna ne è emerso uno con un aplotipo simile a quello di Ignoto 1. Si trattava di tale Damiano Guerinoni. Comunque, il suo Dna nucleare non era lo stesso di Ignoto 1. Ma a quel punto abbiamo potuto restringere il campo ad una linea genealogica patrilineare e quindi siamo risaliti fino al trisavolo».

Il racconto che la Asili ha fatto in aula in modo chiaro e preciso era affascinante. E mentre io la ascoltavo, annotando le sue parole sul taccuino, immaginavo la scienziata chiusa in laboratorio tra le provette e impegnata nell'esame degli elettroferogrammi e i suoi colleghi poliziotti e Carabinieri impegnati nella ricerca della famiglia Guerinoni in Val Seriana. «Il soggetto Damiano Guerinoni non aveva il Dna nucleare di Ignoto 1 ma ci ha consentito di restringere il campo alla linea patrilineare della sua famiglia, i Guerinoni appunto – ha spiegato – così il 3 novembre 2011 ci siamo imbattuti nel Dna di Pierpaolo Guerinoni, residente a Frosinone e senza figli, che aveva un aplotipo Y molto simile a Ignoto 1 e ben 21 marcatori simili, insomma al 50 per cento era identico al nostro ricercato, quindi era di sicuro un parente per via diretta, anche se non il padre, ovvero il fratello del padre.» I poliziotti e i Carabinieri, nel frattempo, avevano individuato Pierpaolo e il fratello deceduto nel 1997, il possibile padre di Ignoto 1 secondo la scienza. Si trattava di un tale Giuseppe Guerinoni che aveva due figli e una moglie. Un figlio maschio, Diego, era naturalmente stato sottoposto al prelievo di Dna. Il risultato della comparazione con Ignoto 1 però era stato negativo. «Diego non era fratello genetico di Ignoto 1, ma era importante per noi recuperare il Dna di suo padre Giuseppe deceduto – ha aggiunto la poliziotta. – La famiglia ha collaborato al 100% e in casa ci hanno fornito delle cartoline ricevute dal padre decenni prima che contenevano probabilmente la saliva dell'uomo sul francobollo; a maggio 2012 abbiamo estratto il profilo dell'ipotetico padre di Ignoto 1 e a Tor Vergata è stata fatta la comparazione che ha portato ad un risultato netto: Ignoto 1 e Giuseppe Guerinoni erano figlio e padre.»

A quel punto, tuttavia, le indagini sono proseguite e, grazie alla collaborazione della famiglia del Guerinoni, è stata persino riesumata la salma che riposava dal 1999 nel piccolo cimitero di Gorno. Siamo al 7 marzo 2013 quando la salma di Guerinoni viene caricata su un furgone mandato nella Valle del Riso dal PM Letizia Ruggeri e raggiunge il laboratorio dell'Istituto di Medicina Legale di Milano dove la professoressa Cristina Cattaneo ancora una volta esaminerà quei resti e troverà, insieme al prof. Andrea Piccinini di Pavia, genetista, la risposta definitiva alla domanda: l'autista di Gorno è il padre biologico di Ignoto 1?

Nella sentenza di primo grado si ripercorre quel momento investigativo fondamentale: «L'intero ramo familiare era oggetto di indagini e approfondimenti investigativi e posto sotto intercettazione in concomitanza con analisi e audizioni, ma anche in questo caso l'ascolto delle conversazioni non consentiva di acquisire elementi a carico di nessuno del gruppo. L'unica spiegazione possibile era che Ignoto 1 fosse figlio illegittimo di Giuseppe Benedetto Guerinoni (o, seppur con un grado di probabilità inferiore, di Pierpaolo). Per suffragare tale ipotesi veniva affidata un'apposita consulenza al prof. Emiliano Giardina dell'Università di Tor Vergata, che, mediante calcoli biostatistici, stimava nell'87,39% la probabilità che Ignoto 1 fosse fratello di Pierpaolo in linea paterna e, inseriti il Dna del fratello Diego, della sorella e della madre di Pierpaolo, ricostruiva in laboratorio il Dna di Giuseppe Benedetto Guerinoni, arrivando a stimare al 99,87% la probabilità che fosse il padre di Ignoto 1.

Confrontando il profilo del Dna estrapolato dal bollo della patente e da alcune cartoline spedite da Giuseppe Benedetto con quello di Ignoto 1, la percentuale saliva 99,9999929%.

Su suggerimento del dottor Giorgio Portera, consulente dell'allora parte offesa Fulvio Gambirasio, veniva riesumato il cadavere di Giuseppe Benedetto Guerinoni e la percentuale di paternità era stimata nel 99,99999987%. Acquisita la certezza che Giuseppe Benedetto Guerinoni fosse il padre biologico di Ignoto 1 – dato che non è in discussione, essendo stato confermato anche dalla consulente della difesa prof. Sara Gino all'udienza del 12 febbraio 2016 –, le indagini si concentravano sulla ricerca della madre e, in particolare, sui luoghi dove Giuseppe Benedetto aveva vissuto e lavorato, con particolare attenzione alle coetanee che in età fertile potevano essere emigrate dalla Val Seriana verso uno dei comuni dell'Isola».

A quel punto si organizzano riunioni tra gli scienziati e i Carabinieri che avevano estrapolato eventuali informazioni sulle relazioni in vita di Guerinoni per cercare di capire chi potesse essere la madre di Ignoto 1. Una caccia tutt'altro che semplice.

Le analisi genetiche: lo scontro tra accusa e difesa

Riportiamo alcune pagine significative della sentenza di primo grado per spiegare nel dettaglio i contenuti della complessa analisi genetica effettuata dal Ris e dai vari laboratori universitari intervenuti per arrivare all'identificazione di Ignoto 1.

«Entrando nello specifico della tipizzazione del profilo genetico denominato Ignoto 1, il Dna nucleare di Ignoto 1 è stato identificato dal Ris tramite ventiquattro (compreso il sesso) marcatori STR autosomici contro i tredici fissati dagli standard internazionali e i quindici-sedici usualmente ritenuti necessari in ambito forense (per esprimere un giudizio di identità), cui devono aggiungersi dodici marcatori del cromosoma X e sedici marcatori del cromosoma Y, per un totale di cinquantuno marcatori. Esso, inoltre, è emerso in sedici dei prelievi eseguiti sugli slip (in zona limitrofa al lembo tagliato) e in due dei prelievi eseguiti sui leggings. In particolare, come risulta dalla relazione del Ris e dalle deposizioni dei capitani Staiti e Gentile, sugli slip di Yara erano effettuati inizialmente cinque prelievi a campione, così numerati: 31.1 (nella parte anteriore bassa a destra), 31.2 (vicino al taglio in alto a sinistra), 31.3 (simmetrico a 31.2, ossia nella parte alta a destra), 31.4 (vicino a 31.2), 31.5 (sul retro aderente all'etichetta). L'analisi del 31.2, quello limitrofo al lembo tagliato, rivelava la presenza di componenti alleliche diverse dalla vittima e riconducibili ad un soggetto di sesso maschile. La medesima porzione di tessuto era, allora, divisa secondo uno schema a griglia (di qui la G del codice alfanumerico indicativo del prelievo), sul quale erano eseguiti complessivi diciotto prelievi (compreso il 31.2, corrispondente nella nuova numerazione della griglia al campione 31-G11), da 31-G1 (Est. e Int. a seconda delle cuciture) e 31- G2 (Est. e Int.) a 31-G16, da tredici dei quali Come spiegato dal dottor Previderè all'udienza del 20.11.2015 (pagg. 90-92, faldone 8), in caso di Low Copy Number, poiché l'esiguità del Dna e del suo numero di copie può determinare l'irripetibilità futura dell'analisi o dar luogo a profili parziali o di più difficile interpretazione, secondo le linee guida internazionali, per validare il dato analitico, è essenziale che esso sia ripetuto, non importa se con il medesimo kit o con un diverso kit.

(31-G1 Est, 31-G1 Int, 31-G2 Int, 31-G2, 31-G3, 31-G4, 31-G6, 31-G13, 31-G14, 31-G15 e 31-G16) era estratto un campione di Dna utilizzabile per future amplificazioni.

I campioni 31-G1 Est, 31-G1 Int, 31-G2 Int, 31-G11, 31-G13, 31-G14, 31-G15 e 31-G16 e 31-G6 (nei limiti di cui si dirà infra) restituivano un unico profilo maschile non presente in alcuna banca dati e per questo denominato Ignoto 1. Dagli altri, ove interpretabili, emergeva unicamente il profilo genotipico di Yara. In particolare, dal campione 31-G1 Est era estrapolato un profilo misto, la cui componente maggioritaria era rappresentata dal profilo di Ignoto 1 e quella minoritaria, per i marcatori interpretabili, era compatibile con Yara Gambirasio; dal 31-G1 Int era estrapolato un profilo misto, la cui componente maggioritaria era chiaramente interpretabile e ascrivibile a Ignoto 1, mentre la componente minoritaria non era interpretabile; il 31-G2 Int, 31-G15 e 31-G16 erano un misto di Ignoto 1 e Yara; nei prelievi 31-G11 e 31-G13 il profilo di Ignoto 1 compariva come componente minoritaria (nel caso del 31-G13, in particolare, la traccia era di difficile interpretazione ma ritenuta compatibile con Ignoto 1), mentre la componente maggioritaria era Yara; nel 31-G14 Ignoto 1 era la componente maggioritaria in mistura con la vittima; il 31-G6 era una mistura, che, nella parte leggibile, mostrava alcuni marcatori già emersi nelle altre analisi. Visti questi primi risultati, il campionamento era esteso alla zona adiacente sempre della parte anteriore dello slip, con i prelievi da 31-G17 a 31-G24, che consentivano di individuare il profilo di Ignoto 1, sempre come componente preponderante in mistura con Yara, sui campioni 31-G17, 31-G18, 31-G19, 31-G20 (in cui il profilo di Ignoto 1 appariva come unico), 31-G23 e 31-G24 e parzialmente nel 31-G22 (un profilo misto in cui i marcatori interpretabili corrispondevano a quelli del 31-G20) e, successivamente, al lato apposto (prelievi da 31-G25 a 31-G28), alla corrispondente parte posteriore dello slip (visivamente molto imbrattata da liquidi di putrefazione) con i prelievi da 31-G29 a 31-G33; alla parte posteriore dal lato del taglio ma sotto l'etichetta (prelievi da 31-G34 a 31-G38) e ad altre zone scelte a campione, abbandonando il sistema a griglia (prelievi da 31.6 a 31.10), da cui, però, era estrapolato unicamente il Dna di Yara. Sui leggings erano eseguite dodici campionature, due delle quali, la 62.4 e la 62.3, ossia quelle in corrispondenza dell'area degli slip maggiormente esplorata, rivelavano in sede di quantificazione la presenza di Dna maschile, risultato, poi, il medesimo profilo di Ignoto 1. La maggioranza delle analisi erano ripetute con lo stesso o con diverso kit (in modo da ampliare il numero dei marcatori).

In particolare, come riportato nell'integrazione del 4 dicembre 2015 e come illustrato dai capitani del Ris Staiti e Gentile all'udienza dell'11 dicembre 2015 (pagg. 31 ss.), sul prelievo 31-G1 Ext – il primo sul quale emergeva il profilo completo di Ignoto 1 – che aveva un quantitativo di Dna totale di 2500,00 picogrammi/microlitro (1000,00 maschile), erano eseguite dodici amplificazioni (di cui tre contemporanee con il kit NGM) e una ripetizione. Sul prelievo 31-G1 Int 116, in cui il quantitativo di Dna totale era 31,00 picogrammi/microlitro e quello maschile 21,00, erano eseguite complessivamente quattro amplificazioni e una ripetizione. Sul 31-G2 Int, quantificato in 800,00 picogrammi/microlitro, di cui 150,00 di Dna maschile, erano eseguite una ripetizione e diciassette amplificazioni. Sui campioni 31-G13, 31-G14, 31-G15 e 31-G16 (nessuno dei quali Low Copy Number avendo un Dna totale di 300, 140, 310 e 450 picogrammi/microlitro) erano eseguite quattro amplificazioni per ciascun prelievo. Il 31-G18, che presentava 150,00 picogrammi/microlitro di Dna totale e sul quale erano in prima battuta eseguite indagini volte a stabilire la natura della traccia, era analizzato una sola volta, perché restituiva un profilo caratterizzato da picchi nettissimi e chiaramente interpretabili e perfettamente sovrapponibile a quello del 31-G20. Il 31-G19 (290,00 picogrammi/microlitro di Dna totale e 140,00 di Dna maschile) era amplificato tre volte. Il campione 31-G20 (2000,00 di Dna totale e 1400,00 di Dna maschile) appariva chiaramente interpretabile alla prima amplificazione, ma ugualmente sottoposto con kit diversi, onde ampliare il numero dei marcatori STR, ad altre dodici tra tipizzazioni e amplificazioni e cinque ripetizioni. Il 31-G23 (99,00 di Dna totale e 49,00 di Dna maschile) era amplificato una sola volta, avendo restituito le componenti alleliche già riscontrate nel 31-G20. Lo stesso il 31-G24, in cui, peraltro, la quantità di Dna totale era 160,00 picogrammi/microlitro. Rispetto alla prima consegna, il dato grezzo in più era uno.

Nel primo invio di dati grezzi le amplificazioni risultavano quattro. ossia superiore alla soglia del Low Copy Number. Il 31-G6, con 74,00 picogrammi/microlitro di Dna totale sotto la predetta soglia, era amplificato otto volte: i marcatori autosomici erano difficilmente interpretabili, mentre quelli del cromosoma Y, per i loci interpretabili, corrispondevano ai marcatori del cromosoma Y tipizzati nei campioni 31-G1 Est e 31-G2 Int, gli altri ove era stato esplorato detto cromosoma. I reperti 62.3 (320,00 picogrammi/microlitro di Dna totale e 62,00 maschile) e 62.4 (410,00 di totale e 130,00 di maschile) erano tipizzati ciascuno dieci volte con due diversi kit. In queste centoquattro tra ripetizioni e amplificazioni le componenti alleliche riconducibili a Ignoto 1 erano riscontrate dai consulenti Staiti e Gentile in settantuno analisi 123; negli altri casi i tracciati elettroforetici non erano univocamente interpretabili o validabili.

Tutti gli elettroferogrammi frutto di tali operazioni sono stati acquisiti agli atti (faldoni 9 e 10), sia in cartaceo sia su supporto informatico (corredati dei controlli positivi e negativi, che, replicando in contemporanea la corsa elettroforetica con un campione di Dna a sequenza nota e un mix di reazione privo di Dna, servono a controllare il corretto andamento della reazione e ad escludere possibili contaminazioni da parte di operatori o macchinari) e una parte di essi sono stati illustrati in aula (con l'ausilio delle slide contenute nei faldoni 6 e 11) dai due consulenti, in modo che la Corte potesse comprenderne le modalità di lettura e apprezzare la presenza dei "picchi" e la loro corrispondenza con i marcatori elencati nelle tabelle alle pagg. 216 ss. della relazione del Ris in data 10 dicembre 2012 (faldone 2). Degli altri consulenti del Pubblico Ministero, il dottor Previderè ha spiegato di aver esaminato il tracciato elettroforetico effettuato con NGM Select sul campione 31 G20 a pag. 218 della relazione del Ris in data 10 dicembre 2012 (faldone 1) e di averlo ritenuto perfettamente leggibile ed interpretabile, essendo i picchi identificativi chiaramente visibili. Il prof. Piccinini ha riferito di aver esaminato la tabella riassuntiva del Ris e uno degli elettroferogrammi del campione 31-G20, trovandolo perfettamente leggibile, e di aver analizzato personalmente nel laboratorio dell'Università di Milano alcune aliquote dei campioni 31-G15, 31-G16, 31-G23 e 31-G24 mediante il kit PowerPlex CS7, mai utilizzato fino a quel momento, allo scopo di incrementare il numero dei marcatori autosomici da confrontare con quelli estratti dai resti del cadavere riesumato di Giuseppe Benedetto Guerinoni, confermando per i marcatori comuni ai kit utilizzati dal Ris i risultati delle analisi di Staiti e Gentile.»

La dottoressa Asili e il dottor Giuffrida hanno riferito che, per eseguire i confronti con i tamponi salivari prelevati dalla Polizia di Stato, avevano avuto a disposizione, oltre alle tabelle riassuntive ora alle pagg. 216 e 217 della relazione del Ris del 10 dicembre 2012, gli elettroferogrammi dei campioni 31-G20 e 31-G1 Est (pagg. 218-220 della citata relazione) e ne avevano constatato l'ottima qualità. Il consulente delle parti civili Panarese e Gambirasio, dottor Giorgio Portera, ha spiegato di aver verificato ex post tramite l'analisi a computer dei c.d. dati grezzi, sedici tra amplificazioni e ripetizioni effettuate sul campione 31-G20, promuovendo, per la presenza di segnali allelici chiaramente interpretabili e la regolarità dei controlli positivi e negativi, l'amplificato NGM n. 1, gli amplificati Identifiler n. 2 e n. 3 e gli amplificati NGM Select nn. 14, 15, 16 e 3 (chiarendo anche perché la presenza di un allele soprannumerario del marcatore FGA di altezza di 88 RFU nel controllo negativo dovesse ritenersi influente per la corretta interpretazione del profilo di Ignoto 1) e due delle quattro amplificazioni eseguite sul campione 31-G16, promuovendo quella eseguita con il kit ESX e non quella con il kit NGM (scartata anche dal Ris), per la presenza di dati aspecifici nei controlli positivi e negativi. Dice Portera: «Lo studio dell'amplificato NGM della traccia 31-G20 ha permesso di promuovere il risultato analitico derivante da tale corsa soprattutto per la presenza di segnali allelici chiaramente interpretabili. Ho fatto anche l'analisi sui controlli positivi e negativi e hanno dato in questo caso i risultati attesi [...] Il controllo positivo ha dato il risultato atteso, il controllo negativo ha dato il risultato atteso, non c'è nessun picco. E, invece, nella mia traccia 31-G20 con NGM abbiamo un profilo attribuibile ad un soggetto maschile, con dei picchi di altezza buona, nel senso ottimamente leggibile, e correttamente interpretabile senza nessun dubbio in nessuna delle componenti alleliche. [...] Lo studio degli amplificati Identifiler, il 2 e il 3 (nelle corse che ho fatto vedere nella slide precedente) ha permesso di promuovere il risultato analitico derivante dalla corsa per la presenza di segnali allelici chiaramente interpretabili. I controlli positivi e negativi hanno, inoltre, fornito i risultati attesi. Vi è solamente la presenza di pochi, pochissimi alleli soprannumerari nel marcatore D21, D7, D8, parte dei quali appartengono alla vittima, che però non influiscono sulla chiara riproducibilità del risultato. [...] Il profilo, amplificato due volte, ha permesso di dare un'ottima interpretazione, in modo quindi da poterlo attribuire, senza ombra di dubbio, ad un soggetto maschile ignoto. L'amplificazione è stata eseguita due volte e in due volte gli alleli di Ignoto 1 si ripetono. Quei pochi D21, che diciamo è solamente l'allele 25 che è estraneo alla vittima e a Ignoto 1, non influiscono sull'interpretazione del dato. Dal numero 4 al numero 13 della slide sono corse fatte con il kit PowerPlex 16, sono corse ripetute più volte e in questo caso è stato rilevato un aspecifico, nel gruppo dai marcatori verdi, che è presente in parte di esse e, soprattutto, è presente nel controllo negativo e positivo e non questo non mi permette di promuovere gli amplificati. [...] Per cui per me le corse del PowerPlex 16, che andavano a caratterizzare il profilo esclusivamente per due marcatori, che sono il Penta D e il Penta E, non possono essere promosse dal punto di vista analitico. Sono stati poi analizzati anche i grafici, i raw data dell'NGM Select, che è un altro kit che ha permesso di ottenere un marcatore in più. La visione ha permesso di promuovere il risultato analitico di tale corsa per la presenza di segnali allelici chiaramente interpretabili. Controlli positivi e negativi hanno fornito i risultati attesi. C'è solamente una minima, ma insignificante presenza di un marcatore, di un allele nel controllo negativo, che è un allele 22 nel marcatore FGA, che ha un'altezza talmente minima (di 88 RFU), nettamente più bassa rispetto alle centinaia o alle migliaia di altezze diciamo come ordine di grandezza dei profili, che è assolutamente irrilevante, per cui non va a inficiare la correttezza del dato. Per il campione G-16 ho analizzato gli amplificati effettuati con il kit NGM e SX 16. La presenza di aspecifici nei controlli negativi e positivi di questi amplificati nell'NGM non ha permesso di promuovere i risultati attesi. [...] È stata invece promossa pienamente l'amplificazione di SX. [...] Il 31-G20 e il 31-G16 hanno permesso di confermare la presenza di ventuno regioni STR, che sono state utilizzate dai colleghi attraverso le quali possono essere verificati ogni dato e ogni variabile delle analisi di Pavia per dare compatibilità con il Dna dell'odierno imputato. Una compatibilità con ordine di grandezza di dieci alla meno ventisette, che significa che per avere un soggetto che possa avere lo stesso Dna di Ignoto 1 o dell'imputato sarebbe necessaria una popolazione mondiale di due miliardi di miliardi di miliardi di soggetti nella popolazione. Per cui da qui deriva l'unicità del profilo di Ignoto 1 confrontato con quello dell'imputato».

I consulenti della difesa dell'imputato hanno chiarito di non aver ripercorso le corse elettroforetiche. La dottoressa Gino ha riferito di non aver neppure visionato i dati grezzi.

Il dottor Capra ha spiegato di essersi limitato a controllare i tracciati elettroforetici su supporto documentale, riscontrando che in alcune analisi erano stati utilizzati polimeri scaduti, che non tutti i tracciati erano chiaramente interpretabili e che quattro controlli positivi e sei controlli negativi presentavano delle anomalie. In particolare, nella parte introduttiva della relazione del Ris era scritto che le analisi erano state svolte nel pieno rispetto degli standard di laboratorio, mentre da alcuni sample file (quello relativo alla corsa elettroforetica con PowerPlex del 4.8.2011 sul campione 31-G1 Est, quello relativo alla corsa elettroforetica con NGM del 14.9.2011 sul campione 62-3 e quello relativo alla corsa elettroforetica NGM dell'11.9.2011 su altro reperto diverso da quelli fin qui esaminati) risultava che erano stati utilizzati polimeri scaduti. Egli non era in grado di dire se la scadenza del polimero avesse compromesso o no il risultato dell'analisi, certo era che il Ris non aveva rispettato l'impegno a utilizzare solo materiale in corso di validità. Sul punto, tutti gli altri consulenti sentiti hanno sottolineato – non smentiti dal consulente della difesa, limitatosi ad un rilievo di metodo – che la scadenza del polimero viene fissata dalle case produttrici anche a fini commerciali (tanto è vero che esiste un sistema di rivalidazione dei polimeri volto a prolungarne il periodo di utilizzabilità), che lo spirare del termine di consumo non compromette l'analisi e, soprattutto, che l'eventuale cattivo stato di conservazione del polimero impedisce la reazione e dà luogo a un profilo non leggibile, non a un profilo diverso da quello reale. Quanto ai controlli positivi e negativi, richiesto dalla Corte di precisare quali fossero i controlli da lui ritenuti invalidanti, il dottor Capra ha indicato, quanto ai negativi, quelli alle pagg. 73, 317, 400, 647, 1064 e 1216 e, quanto ai positivi, quelli alle pagg. 71, 245, 617, 709 dell'integrazione di consulenza del Ris (faldoni 9 e 10), in quanto presentavano dei picchi (nei negativi) e di picchi inattesi (nei positivi), che potevano far sospettare, pur se non ridondanti, una contaminazione del macchinario o del campione. Di alcuni controlli positivi e negativi mostratigli in controesame dal Pubblico Ministero ha confermato la validità. Sulla globalità dei controlli non si è espresso, spiegando di essersi limitato a selezionarne alcuni nei quali la presenza di picchi inattesi era particolarmente evidente. Quanto ai risultati, alcuni degli elettroferogrammi relativi ai campioni 31-G1 Est, 31-G20 e 31-2 sarebbero chiaramente interpretabili, altri – per usare le sue parole – «una schifezza» e questo non garantirebbe la riproducibilità costante del risultato. Sono stati gli stessi cap. Staiti e Gentile, tuttavia, nell'illustrare i c.d. dati grezzi, a sottolineare che nelle centoquattro tra ripetizioni e amplificazioni le componenti alleliche riconducibili a Ignoto 1 erano riscontrate in settantuno analisi, mentre, negli altri casi i tracciati elettroforetici non erano univocamente interpretabili o validabili e, dunque, erano stati rifatti.

Lo stesso dottor Capra, inoltre, ha ammesso in sede di controesame che la ripetizione delle amplificazioni variando la diluizione del campione in modo da far emergere tutti i profili è una prassi di laboratorio e che, dunque, la differente qualità dei trattati elettroforetici da lui segnalata poteva essere il risultato di una sorta di work in progress, solo che lui, in tal caso, non avrebbe scritto che il profilo così ottenuto era di ottima qualità ma avrebbe dato rilievo alle difficoltà interpretative incontrate nel percorso analitico 132. Richiesto dal Pubblico Ministero di interpretare alcuni tracciati elettroforetici e i relativi controlli negativi e positivi, ha confermato che quelli mostrati erano apparentemente chiari ma per poter offrire una risposta più meditata avrebbe dovuto analizzare a computer i file dei raw data (analisi che, come già evidenziato, diversamente dal consulente di parte civile, ha ritenuto di non effettuare).

Come già illustrato, l'origine biologica (sangue, urina, saliva, sperma) del fluido lasciato da Ignoto 1 è rimasta incerta: certo è che ad esso nei tre mesi in cui il corpo di Yara Gambirasio è rimasto nel campo di Chignolo si sono aggiunti i fluidi provenienti dal cadavere (se non direttamente il sangue sgorgato dalle ferite della regione posteriore). Come illustrato dal dottor Previderè all'udienza del 20 novembre 2015, gli studi scientifici internazionali sull'analisi del Dna mitocondriale su tracce miste sono pochissimi e in tutti si conclude nel senso che le variabili che possono incidere (natura biologica della traccia, variabilità da tessuto a tessuto e da individuo a individuo del numero dei mitocondri, stato di degradazione dei singoli contributi biologici che compongono la traccia, rapporto quantitativo tra i fluidi de diversi contributori) sono talmente elevate da sconsigliare l'analisi forense del Dna mitocondriale in tracce miste. Le tecniche utilizzate per l'estrazione dei due tipi di Dna, inoltre, sono diverse e, quindi, possono portare a risultati diversi, consentendo di «vedere» solo uno dei due tipi di Dna, anche in modo diverso a seconda del singolo contributore Nel caso di specie, come già parzialmente illustrato nel ripercorre le indagini volte all'individuazione di Ignoto 1, dal campione 31-G20 è stato estrapolato un profilo mitocondriale maggioritario corrispondente alla vittima e un profilo mitocondriale minoritario che non corrisponde a quello dell'imputato e dai campioni 31-G19, 31-G23, 31-G24, 31-G3 e 31-G11 il solo profilo mitocondriale della vittima. I consulenti del Pubblico Ministero e delle parti civili hanno formulato diverse ipotesi per spiegare il mancato rinvenimento del Dna mitocondriale dell'imputato all'interno di campioni che hanno offerto un profilo genetico nucleare di ottima qualità e riconducibile con certezza a Bossetti, richiamando alcuni studi internazionali su tracce miste. Hanno evidenziando come il risultato sarebbe scontato ove il contributo dell'imputato fosse rappresentato da un fluido biologico poverissimo di mitocondri, come il liquido seminale o, ancora, ponendo l'attenzione sulla maggior quantità di Dna mitocondriale della vittima (trovandosi la traccia su un cadavere in decomposizione), che potrebbe aver «coperto» il Dna mitocondriale dell'imputato o sulla variabilità dei fenomeni degradativi dei diversi tessuti e del Dna mitocondriale che li compone. Non essendovi elementi di certezza in merito alla natura dei contributi biologici che hanno originato la traccia (semplicemente positiva all'emoglobina), nessuna di tali spiegazioni può essere privilegiata, ad ulteriore riprova della complessità delle analisi volte ad estrapolare il Dna mitocondriale da tracce con più contributori, complessità sulla quale tutti i consulenti concordano, compresa la professoressa Gino, che sul punto si è limitata a osservare che nessuna delle citate spiegazioni sarebbe pienamente convincente e che il fatto che non vi sia una spiegazione scientificamente preferibile e, dunque, certa avrebbe dovuto indurre ad ulteriori approfondimenti. A fronte di un profilo nucleare chiaramente leggibile in numerosi elettroferogrammi (come confermato da tutti i consulenti), validato da amplificazioni e ripetizioni e rinvenuto uguale a se stesso in numerosi prelievi eseguiti su due indumenti diversi, pertanto, il mancato rintraccio dell'aplotipo mitocondriale – considerati lo stato della traccia e i plurimi profili di variabilità e incertezza che rendono sconsigliabile la ricerca del Dna mitocondriale su tracce miste – non è in grado di porre in dubbio la certezza dell'identificazione di Ignoto 1 nell'odierno imputato, il cui profilo nucleare, l'unico identificativo, è perfettamente sovrapponibile a quello originariamente denominato Ignoto 1. Secondo la difesa dell'imputato, poiché il Dna mitocondriale si degrada più lentamente di quello nucleare, tanto da essere normalmente utilizzato nell'analisi di reperti particolarmente compromessi, nei quali non è più rintracciabile il Dna nucleare, quello destinato a «scomparire» avrebbe dovuto essere il Dna nucleare di Ignoto 1, non quello mitocondriale. Non sarebbe dato sapere, inoltre, per quale ragione, in condizioni certamente sfavorevoli alla conservazione della traccia ma identiche per i due profili, il Dna mitocondriale di Yara Gambirasio sarebbe ancora individuabile e quello dell'imputato no. In realtà, i vari consulenti hanno ben spiegato che la maggiore probabilità di rinvenire il Dna mitocondriale in reperti gravemente compromessi non dipende tanto da una maggiore resistenza ai fenomeni degradativi quanto dalla sua maggior diffusione (a fronte di un unico nucleo, ogni cellula ha numerosissimi mitocondri) e certamente il contributo di sangue e liquidi putrefattivi della vittima, non solo era di partenza superiore a quello costituito dal fluido biologico di Ignoto 1 ma, diversamente da Ignoto 1, ha continuato ad alimentare la traccia. Del resto, è proprio il numero delle variabili (natura della traccia, quantità di mitocondri variabile da individuo a individuo, rapporto quantitativo tra i plurimi contributori di una traccia mista, incidenza dei fenomeni degradativi) che influenzano l'analisi del Dna mitocondriale a sconsigliarne la ricerca nelle tracce miste. Il dato processuale è che nel caso di specie il Dna di Ignoto 1, prima, e di Bossetti, poi, è stato cercato in nove campioni e non è stato trovato, mentre il Dna nucleare – l'unico individuo specifico – è stato trovato e confermato da ripetute analisi. Le considerazioni che precedono sulla mancanza di capacità identificativa, anche a fini di mera esclusione, del Dna mitocondriale estrapolato da tracce miste spiegano, peraltro, perché la Corte abbia ritenuto infondata la richiesta di perizia avanzata dalla difesa e volta verificare se sui vari reperti fossero rinvenibili tracce biologiche attribuibili a Massimo Giuseppe Bossetti relativamente ai profili genetici nucleare e mitocondriale e a stabilire la natura delle traccia e se negli estratti di Dna in cui era ravvisato il profilo genetico di Ignoto 1 i genomi di Yara Gambirasio e dell'imputato fossero presenti nella loro interezza (profilo nucleare e mitocondriale) e, in caso, negativo, offrire una spiegazione scientifica dell'incompletezza dei profili. La stessa consulente della difesa prof. Gino, come già riportato, ha ammesso l'estrema complessità della ricerca del Dna mitocondriale sulle tracce miste, richiesta di indicare quali approfondimenti ulteriori sarebbero praticabili ai fini della ricerca del Dna mitocondriale, ha segnalato lo studio del mRNA, per sua stessa ammissione ancora in fase sperimentale ed utilizzato per la datazione delle tracce più che per l'identificazione di profili, e il sequenziamento mediante NGS, già tentato invano, oltretutto sui campioni più ricchi di Dna, dal prof. Casari, arresosi dopo svariati tentativi, appurato che nei vari campioni il Dna umano era il 3% del totale (mentre il resto era Dna di muffe, batteri e murino) e misto... Ma, soprattutto, il rischio di una contaminazione dei campioni (alla cui valutazione presiede la verifica della c.d. catena di custodia) nel caso in esame è inesistente sia per il numero di analisi, effettuate a distanza di mesi l'una dall'altra, sia per la duplicità dei reperti sui quali è stato rinvenuto il profilo di Ignoto 1 (non solo analizzati in tempi diversi ma arrivati al laboratorio del Ris in tempi diversi), sia per il numero dei prelievi (anche questi effettuati in tempi diversi) e dei campioni, sia per la qualità delle corse elettroforetiche

che hanno consentito di delineare il profilo di Ignoto 1 (alcune della quali ritenute ineccepibili dallo stesso dottor Capra), sia perché il Dna di Massimo Giuseppe Bossetti non era mai entrato in precedenza nei laboratori del Ris (o in altri), tanto che per accertare che lui fosse Ignoto 1 gli inquirenti hanno impiegato quattro anni. Il profilo genotipico di Ignoto 1 non era mai stato estrapolato prima, è emerso uguale a se stesso in più reperti, più prelievi e più analisi, effettuate in tempi diversi ed è risultato corrispondere ad un soggetto residente non lontano dal luogo della scomparsa della vittima e dal luogo del rinvenimento del cadavere, che i tabulati confermano che si trovasse in tale area il giorno della scomparsa e rispondente ad alcuni dei criteri di selezione individuati dagli inquirenti nel corso degli anni di indagini per arrivare all'identificazione del quel profilo ignoto: non si comprende, dunque, in quale fase e, soprattutto, con quali conseguenze sui risultati analitici avrebbe dovuto verificarsi la contaminazione... L'altra consulente della difesa, la professoressa Gino, non si è pronunciata sul punto ma, come già illustrato, ha confermato la diagnosi di paternità effettuata dal professor Piccinini.

Capitolo Quarto

Sulle tracce del padre di Ignoto 1

Inerpicandosi da Bergamo su per la Val Seriana, dopo qualche chilometro si svolta a sinistra verso la Valle del Riso. Un luogo rimasto fermo a qualche decennio fa. La strada è tortuosa, ma nemmeno eccessivamente e in fondo si ammirano le cime della Presolana. Giunti nel villaggio di Gorno, parcheggiamo l'auto in uno spiazzo davanti all'oratorio e andiamo verso il centro: dobbiamo cercare le tracce della famiglia Guerinoni, quella di Giuseppe, padre di Ignoto 1. Un anziano ci indica una strada acciottolata e ripida: «Abita lì la Laura Poli, la moglie del Guerinoni... eh il Giuseppe si faceva voler bene, lo conoscevamo tutti», dice indicandomi una casa di pietra grezza con un grande portone di legno. Attivo il citofono, mi risponde una voce femminile, probabilmente la moglie del Guerinoni, ma, appena mi qualifico, mi dice che sono stanchi di questa storia e non hanno più parole... In pratica un bel due di picche!

La storia, però, io la conosco. È quella della ricerca del padre di Ignoto 1. Una storia che parte da un elemento freddo e apparentemente privo di vita reale, com'è una sequenza di Dna, ma arriva a raccontare un vissuto incredibile. Se non fosse stato vero, il 2 ottobre 2015, quando in aula viene sentito, come testimone del PM Letizia Ruggeri, Stefano Bonafini (ex capo della Mobile di Bergamo), avremmo creduto di trovarci al cospetto della trama di un romanzo molto avvincente quanto fantasioso. Ma non era così. Quel racconto incredibile, fatto da un investigatore all'antica, è arrivato dritto al nostro cuore e alla nostra mente. E mentre lui raccontava, seduto sul banco dei testimoni, il mio ricordo andava a quei luoghi, a quei volti ruvidi e assolati di contadini e montanari, a quella valle di lavoratori. Incredibile che tutto quel mondo in qualche modo fosse entrato in contatto con il buio, il freddo, la paura di una ragazza di tredici anni in una notte di novembre.

Stefano Bonafini, ex capo della Mobile di Bergamo, è colui che per primo ha avuto l'intuizione investigativa che condurrà al padre della traccia biologica maschile ritrovata dal Ris sugli slip e sui leggins di Yara e che, come abbiamo già compreso, è il filo rosso da seguire. Dopo aver descritto quello che i poliziotti fecero sulla scena del crimine, ovvero nel campo di Chignolo, per repertare le tracce intorno al cadavere della piccola Yara, ha spiegato come poi si svolse l'indagine che condusse in Val Seriana alla famiglia di Ignoto 1. «Siamo partiti da quel campo dove era stato ritrovato il cadavere e ci siamo fatti delle idee – sono le parole di Bonafini. – Prima abbiamo lavorato sulle ditte che insistono sul campo esaminando le videocamere di sorveglianza, ma purtroppo era passato troppo tempo e non abbiamo trovato nulla di utile, poi abbiamo estrapolato tutti i nominativi delle persone che lavoravano in queste ditte, ovvero 777 persone. Li abbiamo sentiti, a uno a uno, a sommarie informazioni (come eventuali testimoni ma non indagati, *N.d.R.*), ed è stato prelevato il Dna di tutte le persone che si trovavano lì, perché abbiamo pensato che forse ci potesse essere un'attinenza con il lavoro prestato in quella zona». I numeri sono impressionanti. Ed ecco lo spunto investigativo che si rivelerà cruciale: «Ci siamo concentrati sull'unico esercizio commerciale che non era un'azienda, ed era la discoteca Sabbie Mobili. Il 5 marzo 2011 abbiamo fatto un controllo all'interno della discoteca, perché volevamo innanzitutto capire la tipologia di persone che la frequentavano, e capire se ci potesse essere un'attinenza con il ritrovamento del corpo di Yara Gambirasio proprio nel campo lì di fronte. L'ulteriore motivo era il fatto che a gennaio 2011 era stata trovata anche una persona morta al di fuori della discoteca, tale Eddy Castillo, che era stato ucciso, poi si venne a sapere in seguito ad una lite». La difesa di Bossetti, come già noi giornalisti sapevano, avrebbe tentato di legare i due episodi, chiedendo poi alla giuria di acquisire gli atti del processo dell'omicidio Castillo, ma invano. Di fatto per quell'omicidio un colpevole c'era ed era già stato arrestato, e tra l'altro aveva un alibi certo per la sera della sparizione di Yara. Comunque, gli episodi anche solo logicamente non avrebbero potuto avere nulla in comune. Bonafini spiega nel dettaglio come avevano proceduto al controllo del 5 marzo nella discoteca: «Ogni avventore doveva compilare una scheda in cui scrivere il proprio nome e cognome e tutte le generalità anagrafiche. Questi dati, ai fini del rilascio di una tessera di iscrizione alla discoteca, al club, consentiva loro l'ingresso. Quindi abbiamo recuperato il file contenente tutti i nominativi delle persone che si erano iscritte alla discoteca Sabbie Mobili, e il file conteneva 31.926 nominativi. Su questi abbiamo iniziato a fare delle considerazioni. Nel senso che non potevamo certamente fare indagini su 31.000 e oltre persone, e quindi abbiamo applicato dei criteri razionali alla nostra attività investigativa, che erano quelli di dire: se una persona era giunta in quel posto, cioè a Chignolo in quel campo, forse lo poteva conoscere, forse poteva risiedere nelle zone dove Yara Gambirasio era scomparsa, vale a dire a Brembate di Sopra. Quindi uno dei primi criteri di selezione fu andare a vedere all'interno di quella lista le persone che erano residenti a Brembate di Sopra. Tra queste ce ne furono 476. Di queste 476 poi abbiamo applicato ulteriori criteri di ricerca sviluppando sia lo stato di famiglia e incrociandolo con i telefoni che erano stati rilevati nelle celle di Brembate di Sopra tra le 17.30 del 26 novembre e le 18.55, cioè l'orario in cui Yara Gambirasio era scomparsa. volevamo cercare di trovare un qualsiasi componente dello stato familiare di uno di quei 476 individui, residenti a Brembate, che avesse prodotto traffico nella zona di Brembate, e un componente di quel nucleo familiare era anche iscritto alle Sabbie Mobili. Questo era un criterio di ricerca. Ultimato questo criterio di ricerca, da cui erano uscite 156 utenze telefoniche, associate a 82 maschi, che abbiamo comunque tutti sviluppato». Sapremo poi che nessuno di questi risultava agganciare le celle interessate e quindi la Polizia andò avanti con tutti i 476 nomi, incrociati tra l'altro con le 3.430 persone iscritte al centro sportivo di Brembate. «E quindi fu fatta tutta una selezione tra i minori iscritti al centro sportivo di Brembate, che erano 1.472. I minori magari agganciati ad una famiglia avrebbero potuto avere un figlio maggiorenne, iscritto alle Sabbie. Fatto sta che alla fine, dalla prima lista di 476 persone residenti a Brembate di Sopra, che vennero tutti sviluppati, e che quindi chiamammo tutti in Questura, sia per essere sottoposti a un s.i.t., per capire se si ricordassero che cosa avessero fatto il 26 novembre, e successivamente chiedevamo a loro di sottoporsi al test...»

A questo punto il Ris aveva la traccia di Ignoto 1 e la confrontava con le migliaia di campioni rilevati nella provincia di Bergamo, mentre la Polizia Scientifica partiva con la comparazione tra Ignoto 1 e i 476 nomi focalizzati. Il confronto si faceva nel Gabinetto Regionale di Polizia Scientifica di Milano, in cui vi era un biologo, Roberto Giuffrida, il quale poi sviluppava le attività di campionamento avvalendosi dei laboratori presenti a Roma al Servizio Polizia Scientifica, con la collaborazione di un biologo che lavora a Roma, ovvero Paola Asili. E quindi all'interno dei laboratori del Servizio di Polizia Scientifica di Roma venivano estrapolati dei campioni i Dna e poi comparati con il Dna che era stato fornito dal Ris dei Carabinieri di Parma. I Carabinieri, invece, gestivano i loro reperti direttamente con il Ris.

Il 21 ottobre 2011 la svolta. Il Servizio di Polizia Scientifica di Roma comunica che uno dei 476 iscritti, tale Damiano Guerinoni, nel suo Dna presentava un aplotipo Y uguale a quello della famosa traccia. «Noi abbiamo fatto una precisa scelta scientifico-investigativa: acquisire i campioni di Dna, e poi sottoporre alle analisi dell'aplotipo Y. Volevamo cercare di capire se c'era un parente in via maschile che potesse essere possessore dell'aplotipo Y, ovvero il cromosoma Y che viene trasmesso, immutato, da padre a figlio per generazioni. E l'aplotipo Y lo troviamo su tutti i figli maschi discendenti, e viene trasmesso immutabile – ha spiegato Bonafini. – Quindi la scelta è stata quella di andare ad investigare l'aplotipo Y per cercare di capire se tra tutte quelle persone su cui stavamo indagando ci potesse essere anche un parente per via maschile collegato alla traccia, quindi che avesse lo stesso Y che aveva la traccia. Avremmo trovato così anche solo un parente. Perché comunque su tante persone cercavamo di avere più possibilità di potere arrivare anche ad una sola persona che condividesse, in via patrilineare, l'aplotipo Y.»

Insomma Guerinoni Damiano ha lo stesso aplotipo Y della traccia, ma dalle successive analisi sul Dna nucleare non c'è compatibilità. Nel senso che non è la persona che porta il Dna che è stato estrapolato dal Ris di Parma. Ci dice anche che non c'è una parentela diretta e non poteva essere il figlio, né il padre di Guerinoni Damiano, cioè Guerinoni Sergio, che tra l'altro era deceduto nel 2003. «Quindi dovevamo cercare una persona che avesse quell'aplotipo Y, quella discendenza per via maschile, ma era posizionato in un'altra famiglia comprensiva di tutta la genealogia Guerinoni. Da qui quindi abbiamo iniziato ad effettuare delle indagini sulla genealogia della famiglia Guerinoni.»

Il PM Letizia Ruggeri a quel punto ha chiesto se la Polizia avesse indagato su un eventuale alibi di Damiano Guerinoni. Ovvio che lo avevano fatto accertando al 100% (anche attraverso celle telefoniche e incroci di testimoni) che il giovane il 26 novembre 2010 si trovava in Perù per motivi umanitari e che quindi di certo non avrebbe potuto nemmeno lontanamente essere nei pressi del campo di Chignolo.

«A questo punto, anche su indicazione del Servizio Polizia Scientifica, diventava indispensabile ricostruire l'albero genealogico della famiglia Guerinoni. Inizialmente sono stati esplorati i contesti più vicini, quindi i fratelli del papà Sergio, per poi andare ad esplorare tutta la genealogia, per quanto era possibile. Tutte queste attività sono state fatte in progress: parti dal fratello per andare al papà, poi al nonno, al bisnonno eccetera, attività che hanno portato, in un discreto tempo, adesso non ricordo, a ricostruire l'albero genealogico di tutta la famiglia Guerinoni, che è stato estrapolato dall'Ufficio Anagrafe di Gorno, perché la famiglia Guerinoni proveniva da Gorno.»

«Nemmeno in un romanzo di Dan Brown – pensavo mentre ascoltavo questo onesto ufficiale di Polizia all'apparenza serafico – avrei potuto leggere una storia tanto affascinante e intricata.» Tra me e me, e poi commentando a bassa voce con la mia collega Alessandra, dicevo che questa indagine dimostra che la realtà può superare la fantasia eccome.

L'albero genealogico dei Guerinoni era stato ricostruito partendo prima dall'Anagrafe di Gorno a partire dal 1861, data dell'Unità d'Italia, e quindi di costituzione dei Registri dell'Anagrafe Civile e, precedentemente a quella data, dall'archivio storico presente nella parrocchia. Ovvero sin dal capostipite, tal Battista o Batta Guerinoni, nato il 20 novembre 1719!

Dice Bonafini: «Sì, siamo partiti dal capostipite, che per noi era individuabile per primo, di più non siamo riusciti ad andare, e che era Guerinoni Batta, Battista, che era nato il 20 novembre 1719. Quindi da lui, che viene chiamato "capostipite" perché era quello più lontano dove potevamo arrivare, poi a scendere abbiamo esplorato i suoi figli eccetera, eccetera. Quindi il figlio Guerinoni Fantino, 8 ottobre 1751, che a sua volta aveva generato Girolamo Guerinoni il 14 luglio 1788... eccetera». La dottoressa Ruggeri a quel punto lo ha interrotto: «Questo, mi scusi se la interrompo, è un libro, non lo produciamo perché tutto sommato gli esiti, nell'ambito della famiglia Guerinoni, erano stati negativi. Produciamo soltanto quell'estratto che va da Giò Angelo Fantino in poi, ovvero i genitori di Guerinoni Sergio e Guerinoni Giuseppe, a cui adesso arriviamo. Sta di fatto, dottor Bonafini, che c'era il Dna... Quindi sono stati presi i Dna di tutti i maschi, e femmine anche, viventi dentro questa famiglia che Lei sta indicando?». La risposta era ovvia: «Sì, diciamo che poi gli ultimi due rami di questa genealogia – così arriviamo un po' più vicini al 1900 – sono, da un lato, Giò Angelo Fantino 10 ottobre 1905, che è il papà di Giuseppe Benedetto Guerinoni, e dall'altra parte aveva un fratello che era Giò Gaetano, nato il 14 maggio 1912. Quindi dall'estrapolazione di questi due siamo arrivati, dal lato di Giò Angelo Fantino a rilevare che avesse avuto i seguenti figli: Angelo Giuseppe Giò Guerinoni 8 novembre 1935...».

Nomi su nomi, tutti di maschi, tutti con quei visi rugosi di lavoratori che avevo visto in valle, ognuno dei quali raccontava una storia diversa. Non era solo un noioso elenco, era la storia di una valle.

Una storia pazzesca, pensai, tralasciando le femmine, tutti i maschi di quella famiglia erano stati passati al setaccio. Il poliziotto ha poi continuato: «Alla fine si era dunque giunti a Giuseppe Benedetto Guerinoni, i cui figli erano Pierpaolo Guerinoni e Diego Guerinoni; mentre per Luigi Antonio Guerinoni i cui figli erano Riccardo Fantino e Fantino; e Sergio Guerinoni il cui unico maschio era appunto Damiano Guerinoni. All'interno del nucleo però c'era anche una femmina, una donna, Maria Fantina Guerinoni, che comunque aveva un figlio, Peter Guerinoni, che aveva il suo cognome, ma poi dalle attività che sono state fatte è emerso che il padre non lo aveva riconosciuto, e quindi il figlio aveva preso il cognome della mamma, e infatti gli accertamenti scientifici hanno confermato che l'Y non era uguale a quello della traccia. Sono stati presi i tamponi salivari sia dei figli sia dei nipoti e, man mano che prendevamo il Dna, lo trasmettevamo al Servizio Polizia Scientifica, che da un lato ci dava conferma che l'Y era uguale, quindi erano assolutamente tutti parenti. Poi confermava anche l'ipotesi che quell'Y è assolutamente trasmissibile solo da padre a figlio. E durante le analisi, dopo avere trovato l'identità del cromosoma Y, veniva chiaramente effettuata la comparazione con il Dna nucleare. Man mano che si facevano gli accertamenti sono stati riscontrati dei punti di minore o maggiore compatibilità tra i Dna nucleari delle persone sottoposte a test e la traccia».

La seconda svolta importante si ha quando si esamina il Dna di Pierpaolo Guerinoni che oltre ad avere lo stesso cromosoma Y, quindi l'aplotipo Y, aveva una grande similarità di Dna nucleare con quello della traccia, condivideva la maggior parte dei punti, quindi era la persona che si avvicinava di più al possessore della traccia lasciata sugli slip di Yara Gambirasio. Ecco perché la Polizia e i Carabinieri sono partiti da Pierpaolo, figlio di Giuseppe Benedetto nato il 10 dicembre 1938, e deceduto il 17 gennaio 1999. Ma Pierpaolo viveva a Isola di Liri in provincia di Frosinone e non aveva figli. Lui è stato sottoposto a prelievo di campione del Dna il 29 ottobre 2011, e la Scientifica ci ha detto che dall'analisi del campione era quello che aveva maggiore compatibilità di Dna nucleare con quello della traccia. Era inserito all'interno dei testimoni di Geova, è stato sottoposto a intercettazione telefonica come ciascuna persona del nucleo Guerinoni, per cercare di capire se avessimo potuto avere dei commenti o degli indizi che ci avessero portato ad individuare il possessore della traccia lasciata. Ma nulla. A quel punto gli investigatori sono andati dalla famiglia direttamente.

Ha specificato Bonafini: «I ragionamenti che sono stati fatti erano di cercare di capire la provenienza della traccia. Perché nella famiglia legittima non si trovava. Quindi dopo aver campionato tutti i discendenti della famiglia Guerinoni non si trovava. A questo punto è stato chiesto, al Servizio di Polizia Scientifica, di darci un aiuto in più, nel senso di cercare di capire dove dovevamo puntare le investigazioni. Nel senso: dovevamo puntare su Pierpaolo? Dovevamo puntare su suo padre?».

Un momento di scoramento si leggeva nel volto dell'investigatore. Un momento che lui ricordava bene, ma che fu superato ben presto, questa volta dall'intuizione di una scienziata. Il Servizio Polizia Scientifica, che aveva una convenzione con l'Università di Roma Tor Vergata, Dipartimento di Biopatologia diretto dal professor Giuseppe Novelli ed Emiliano Giardina, aveva consigliato uno studio biostatistico sulla traccia di Ignoto 1 per cercare di capire, rispetto a Pierpaolo Guerinoni, che tipo di rapporto ci fosse. Il 6 dicembre 2011 il professor Giardina comunicò che dagli accertamenti fatti era accertato che Pierpaolo Guerinoni era fratello, per via paterna, di Ignoto 1. I due avevano lo stesso padre ma non la stessa madre. E la percentuale di probabilità che Pierpaolo Guerinoni fosse il fratello di ignoto1 era dell'87,39%. Il che voleva dire, dal punto di vista probabilistico, che dovevamo cercare un fratello di Guerinoni Pierpaolo, il cui padre era (l'ormai deceduto) Giuseppe Benedetto Guerinoni. Un fratellastro che però era stato dato alla luce da un'altra donna. Il 1° marzo 2012 il calcolo biostatistico viene portato al 99,87%, sulla scorta della ricostruzione del Dna del papà di Guerinoni Pierpaolo, ossia Giuseppe Benedetto Guerinoni.

Certo, a quel punto era necessaria un campione di Dna certamente riconducibile a Giuseppe Guerinoni. E per cercare di averla in qualche modo i poliziotti da Bergamo erano risaliti verso la valle, così come avevamo fatto noi un po' di tempo dopo.

«Ci era venuta l'idea di cercare di trovare qualche oggetto appartenuto a Giuseppe Benedetto Guerinoni da cui poter estrapolare il Dna. E ci riuscimmo perché una delle figlie di Giuseppe Benedetto Guerinoni, cioè Daniela, si ricordò di avere due cartoline inviate dal padre da Salice Terme, località dove andava a fare delle cure termali, negli anni '85 e '86, sulle cui cartoline era applicato un francobollo per ciascuna. Esse vennero, quindi, consegnate direttamente agli investigatori, alla Polizia di Stato e poi al Servizio di Polizia Scientifica. Successivamente Pierpaolo Guerinoni si ricordò di avere anche la patente di suo padre. Me la diede verso aprile, il 14 aprile 2012 mi venne consegnata la patente unitamente ad un'altra cartolina, che aveva ricevuto sempre sua sorella Daniela, su cui erano applicati ulteriori francobolli.» Insomma, per farla breve, dagli accertamenti del Servizio Polizia Scientifica sull'estrapolazione del Dna lasciato sui francobolli delle cartoline e su una delle marche da bollo della patente, veniva confermato innanzitutto il Dna di Giuseppe Benedetto Guerinoni, esattamente uguale a quello ricostruito in laboratorio grazie al Dna dei figli. Nel rifare il calcolo biostatistico il 12 ottobre 2012, questo numero schizzò ancora in alto, e arrivò ad una percentuale di compatibilità, cioè Giuseppe Benedetto Guerinoni era padre della traccia per il termine di 99,9999929% (quindi cinque volte 9). Sappiamo che finora questa percentuale di compatibilità accertata sarebbe bastata, ma si andò oltre. Il 7 marzo 2013, il cadavere di Giuseppe Benedetto Guerinoni, nonostante gli esperti sia della Polizia Scientifica che del Ris di Parma, e dei consulenti, ritenessero non opportuno riesumarlo, perché già il dato acquisito era più che sufficiente per determinarne la paternità, venne comunque riesumato. E l'ultimo calcolo biostatistico portò ad una percentuale di paternità del 99,99999987% (quindi sei volte 9). E Bonafini conclude: «A questo punto avevamo esaurito le ricerche per quanto riguarda il maschile. Dovevamo concentrarci su Giuseppe Benedetto Guerinoni, cercare quindi di capire con chi avesse potuto avere una relazione, da cui sarebbe poi nato il possessore della traccia, cioè Ignoto 1. Quindi le attività si sono concentrate sul vissuto, sull'esplorazione di tutto il vissuto di Giuseppe Benedetto Guerinoni». A questo punto di nuovo la mente corre a quei luoghi, affascinanti e impervi al tempo stesso, dove la vita ti mette a dura prova ogni giorno. Alle valli dove si erano incrociati i destini di questo autista di bus e della mamma della traccia, di Ignoto 1.

Non ci soffermiamo su un'ulteriore indagine a tappeto su tutti gli altri Guerinoni di Gorno, in particolare 71, tutti rientranti in dodici nuclei familiari diversi da quello che interessava all'indagine. Anche loro furono mappati e controllati ma non fu trovata una corrispondenza con l'aplotipo Y di quella famiglia, di quell'unica famiglia. Quella di Giuseppe Benedetto Guerinoni.

Furono persino estrapolate tutte le persone di cognome Guerinoni: quelli iscritti al centro sportivo di Brembate di Sopra, alla discoteca Sabbie Mobili, i Guerinoni residenti nelle Anagrafi dei comuni dell'Isola Bergamasca, intestatari di utenze su Bergamo e provincia, intestatari di furgoni, i Guerinoni presenti in tutti gli archivi Sfera della Polizia, quindi analisi di tabulati telefonici. Anche qui le analisi fatte diedero l'Y negativo.

La domanda a cui rispondere adesso era: Chi era Giuseppe Guerinoni? Che vita aveva fatto? Che frequentazioni aveva avuto? «Ad aiutarci furono i suoi stessi familiari – ha ammesso Bonafini. – Parlammo più volte con la moglie, con la Poli Laura, con Pierpaolo Guerinoni e anche con altri, con la sorella o anche il fratello. Parlando anche con altri familiari. In tutti questi dialoghi che ho avuto personalmente, non emergevano indizi significativi che nel vissuto di Giuseppe Benedetto Guerinoni ci fosse una storia o avesse avuto lo stesso contezza di avere avuto una storia con un'altra donna da cui potesse avere avuto un figlio.» Giuseppe Benedetto Guerinoni nasce nel 1938, vive a Gorno fino al 1966, durante la sua vita a Gorno, dopo aver prestato servizio militare, che forse è l'unica attività che fa fuori dalla zona, perché lo fa a Roma, vive a Gorno. Fa l'autista di camion. Per un periodo fa anche l'autista personale di un suo amico, tale Cristini Zaccaria, fa anche l'autista per una fonderia di Fiorano al Serio. Nel 1964 viene assunto dalla società Marchetti e Mottalini Autotrasporti come autista di linea, e da quel momento fa esclusivamente le tratte della Valle del Riso, che vanno quindi da Oneta, Gorno, Ponte Nossa. Quindi ai due lembi della Val Brembana da un lato, Val Serina, quindi Oltre il Colle, Colle di Zambla, fino alla Val Seriana. Fa dei piccoli percorsi in Val Seriana, non effettua viaggi oltre quell'area, oltre quella zona, a parte due, massime tre, forse gite scolastiche al di fuori dall'area.

Una vita racchiusa dentro quel paesino, Gorno, tranne il periodo di quei quindici giorni delle cure termali, in cui si recava a Salice Terme. Nel 1963 si sposa a Gorno e lì vive fino al 5 novembre 1966. Poi trasferisce la sua residenza nel comune di Parre, dove vive in frazione Ponte Selva, via Fornaci 1, diventata poi via Groppina 12. Quindi dal 1966 trascorre la sua vita a Parre. Vita che è intervallata dalla nascita dei suoi figli, nel 1964 Pierpaolo, nel 1967 Diego e nel 1975 Daniela. Nel 1999 muore e viene seppellito nel piccolo cimitero di Gorno.

Intanto ricordiamo cosa dice in aula Roberto Giuffrida, direttore tecnico del Laboratorio di Polizia Scientifica e biologo forense, nonché genetista, riguardo alle analisi sulla salma di Guerinoni.

«Fin dal giorno della scomparsa ho lavorato sul caso e il 26 febbraio 2011 la Polizia Scientifica per prima ha cinturato l'area di interesse sul campo di Chignolo, poi abbiamo fatto un sopralluogo il giorno successivo e abbiamo sequestrato due gruppi distinti di oggetti su diverse migliaia di metri quadrati e oggetti in tasca del giubbotto della vittima come l'Mp3, i guanti e la batteria analizzati a Roma in laboratorio. Prima di tutto le impronte latenti e poi quelle genetiche. In particolare, sui guanti sono stati isolati due profili parziali di Dna, uno maschile e uno femminile. Si trattava di piccole quantità che comunque sono state amplificate con almeno 50 ripetute e poi confrontate con i 5.570 profili genetici raccolti a Brembate e dintorni, ma non hanno dato alcun risultato. Anche sulla salviettina trovata all'ingresso nel campo abbiamo fatto comparazioni ma nulla, persino con il profilo stupefacente di Ignoto 1, ma nessun risultato.»

L'avvocato difensore Paolo Camporini ha chiesto allora: «Riguardo alle impronte latenti cosa avete fatto?».

«Abbiamo analizzato tutto, ma nulla ha portato ad un risultato anche solo parziale.»

«Dopo aver fatto le comparazioni con i 5.570 profili vi siete fermati o no?»

«L'indagine è andata avanti fino alla tarda primavera del 2014, Damiano Guerinoni lo avevamo isolato sotto il profilo numero 2000, quindi prima.»

«È possibile datare il Dna?», ha chiesto Camporini.

«No, anche con un profilo perfettamente conservato», ha detto l'esperto.

«Potrebbe esserci un figlio di Pierpaolo con il Dna di Ignoto 1?», ha poi aggiunto l'avvocato di Bossetti. Una di quelle domande che hanno inchiodato ulteriormente il suo assistito alle sue responsabilità per via della risposta insuperabile fornita dell'esperto a cui è stata posta.

«No», la secca risposta del genetista.

Dopo quella risposta è iniziata una disquisizione sul mitocondriale di Ignoto 1 che ha non poco infastidito il giudice Bertoja. Siamo nel processo di primo grado che si è celebrato in Corte d'Assise a Bergamo.

«Avete analizzato anche il Dna mitocondriale di Ignoto 1?», ha chiesto Camporini.

«No, non avevamo ragione di farlo ed era troppo poco chiaro per essere comparato. Non posso escludere che ci fosse, ma non era abbastanza per farne un'analisi. Il problema è anche quello della natura della traccia, che è stata aggredita dagli agenti atmosferici. In verità il mitocondriale resiste di più del nucleare, ma non ha capacità identificativa, quindi non serve se non per dare un'etnia di appartenenza.»

Salvagni ha però ribattuto: «Per noi invece è importante». Anche se Salvagni non ha mai dimostrato in maniera scientifica quale fosse realmente la rilevanza di questo genere di accertamento.

«Ma noi abbiamo poche nozioni sul mitocondriale da questo punto di vista.»

Nell'udienza successiva è stato sentito il professor Andrea Piccinini dell'Università di Milano, responsabile del laboratorio di genetica forense.

La domanda posta dal giudice è sul rapporto di filiazione tra Giuseppe Guerinoni e Ignoto 1, alias Bossetti.

«Le operazioni sono iniziate il 7 marzo 2013 all'ospedale di Bergamo dove era stata traslata la salma di Guerinoni; ho lavorato insieme a Cristina Cattaneo. Prima di tutto abbiamo verificato l'integrità della cassa e lo era. Sul riconoscimento da parte della vedova e dei figli abbiamo insistito anche sui tratti somatici e loro lo hanno riconosciuto. Un particolare è stato d'aiuto: una lettera che i parenti avevano deposto nella cassa il giorno del funerale e che è stata ritrovata e riletta. Poi abbiamo proceduto al prelievo di tessuto sia da unghie e diafasi femorali e i tessuti non erano compromessi così tanto da restituire dei risultati interpretabili senza problemi. A quel punto abbiamo analizzato il profilo genetico migliore che avevamo estrapolato e poi lo abbiamo confrontato con il migliore ottenuto dalla traccia isolata dal Ris sugli slip di Yara 31G20 denominata Ignoto 1.»

Non raccontiamo dei dettagli di tutti i passi successivi dal punto di vista tecnico, né delle innumerevoli comparazioni anche con marcatori diversi e metodi diversi. Il risultato è stato ripetuto anche con tracce diverse isolate dal Ris su Yara per avere anche diverse interpretazioni. Poi abbiamo voluto confrontare la metà del Dna di Guerinoni con la metà di Ignoto 1 e vedere se su 28 marcatori c'era corrispondenza. E così è stato. Il risultato è chiaro, la paternità è stabilita in base a parametri scientifici nazionali e internazionali in definitiva Guerinoni è padre di Ignoto 1 in base a 754 milioni di volte su 583 ipotesi per quel genotipo. La probabilità che Guerinoni sia padre di Ignoto 1 è del 99,99999987%. Unica perplessità è venuta da un artefatto che anche il professor Previderè da noi consultato ha spiegato.

Dottoressa Bruzzone, una storia affascinante, sia dal punto di vista scientifico che umano, quella che lega la traccia ignota a persone realmente esistite. Cosa ne pensa? Come la valuta ai fini dell'indagine e del processo?

Indubbiamente questo è il punto centrale sia dell'inchiesta che del processo. E proprio tale scenario dimostra come la prova scientifica diventi determinante solo se viene collocata all'interno di una cornice investigativa coerente e fondata. Per essere più chiari, nessun omicidio può realisticamente essere risolto solo in un laboratorio. Le indagini cosiddette «convenzionali» e quelle scientifiche devono andare a braccetto per garantire il raggiungimento dell'obiettivo finale: assicurare alla Giustizia un pericoloso assassino o scagionare un innocente. Poi le lamentele della difesa sull'affidabilità dell'accertamento genetico le ho sempre ritenute infondate e pretestuose. Cominciamo con il dire che la difesa ha avuto tutto il tempo necessario per chiedere l'accertamento sul Dna sin dall'inizio dell'inchiesta. La difesa dell'imputato ha avuto a disposizione, per essere più chiari, tutto il tempo in cui si sono svolte le indagini preliminari, oltre un anno quindi, e ritengo sia stato un tempo congruo per chiedere, con la formula dell'incidente probatorio e nel contraddittorio tra le parti tanto «perorato», la ripetizione dell'accertamento sul Dna. A «botta calda» quindi, soprattutto perché Bossetti è finito in carcere principalmente (anche se non solo come abbiamo ampiamente raccontato all'interno di questo volume) proprio perché a lui, e solo a lui, viene ricondotto il profilo genetico di Ignoto 1. Ma la difesa non l'ha mai fatto, nonostante (ricordo benissimo) sia stata più volte sollecitata pubblicamente da vari esperti e da molti giornalisti a presentare istanza in quella fase. Ma niente. La richiesta è arrivata solo all'udienza preliminare, ossia quando era praticamente certo che non sarebbe mai stata accolta perché gli elementi per il rinvio a giudizio erano già più che sufficienti. Ed infatti così è andata. Richiesta rigettata, e non ci voleva certo la sfera di cristallo per prevederlo. Strategicamente parlando, l'indagine preliminare è la fase più opportuna per chiedere questo genere di accertamenti, ossia prima di sottoporre il proprio assistito a più di 40 udienze in primo grado e altre 5 in Appello e una, l'ultima, in Cassazione. Ma questo è solo il mio punto di vista dopo 25 anni passati a ricostruire nel dettaglio i principali casi avvenuti in Italia. E poi che il profilo genetico sulla biancheria intima di Yara sia identico a quello di Bossetti (ergo quel profilo genetico è di Bossetti) lo hanno confermato anche i due genetisti della difesa (Capra e Gino) in dibattimento.

Ma non solo. Esistevano già una serie di conferme «collaterali» più che affidabili. Il profilo genetico estratto dall'alcol test a cui venne sottoposto Bossetti e il tampone ottenuto dopo l'arresto del muratore sono stati esaminati in un altro laboratorio, a Pavia, dal prof. Previderè. E il risultato è stato identico a quello ottenuto dal Ris sulle tracce presenti sulle mutandine di Yara. Non vi è poi nessuna possibilità di contaminazione avvenuta in laboratorio dal momento che, come già aveva evidenziato la sentenza di primo grado, «il rischio di una contaminazione dei campioni è inesistente sia per il numero di analisi, effettuate a distanza di mesi l'una dall'altra, sia per la duplicità dei reperti sui quali è stato rinvenuto il profilo di Ignoto 1, sia per il numero di prelievi, sia perché il Dna di Bossetti non era mai entrato in precedenza nei laboratori del Ris. I risultati delle indagini genetiche hanno ricevuto piena conferma da una serie di elementi raccolti dopo il fermo». Ergo, quel Dna è di Bossetti, solo di Bossetti. Non serviva nient'altro per stabilirlo oltre ogni ragionevole dubbio. E certamente nessuno ha negato nulla alla difesa di Bossetti. Del resto, quando, nel marzo del 2011, venne isolato il profilo genetico di Ignoto 1, Bossetti non era neppure indagato. Nessuno conosceva la sua esistenza dal momento che non aveva precedenti penali. Ci sono voluti oltre tre anni per arrivare a lui, un intervallo temporale talmente ampio da smontare sul nascere anche le «teorie complottistiche» più estreme che hanno affollato questa vicenda.

Capitolo Quinto

Il cerchio si stringe intorno a Massimo Giuseppe Bossetti

Giuseppe Guerinoni era un bel ragazzone, alto e piazzato con capelli e occhi scuri ed espressivi. Guardando quelle foto d'epoca tutti noi ci eravamo immaginati la ragazza con la quale aveva fatto quella «scappatella». Quella che aveva «inguaiato» suo malgrado. Probabilmente bella e gioviale, sorridente come lui e serena, come si era in quegli anni – dal 1960 in poi – quando, dimenticati gli affanni della guerra, si aveva voglia soltanto di vivere pienamente ogni istante e ricostruire tutto ciò che le bombe avevano raso al suolo. Erano anni di rinascita in cui tutto sembrava possibile. Quando, soprattutto negli anni Settanta, l'eco delle battaglie femministe aveva attraversato anche le valli bergamasche e le ragazze, che magari facevano le operaie e uscivano ogni giorno, si sentivano un po' più libere di vivere e amare. Certamente più di quanto avevano sperimentato le loro madri, ingabbiate nella ferrea morale sessuale della loro epoca che prevedeva per le donne una sola traiettoria possibile: diventare moglie (ovviamente illibata fino alla prima notte di nozze) e madre (al più presto). Le idee che noi giornalisti e che gli investigatori avevamo sulla probabile identità della giovane, a dire il vero, erano poche e molto confuse all'epoca. Cercare la mamma di Ignoto 1, la donna che aveva concepito quel figlio con Guerinoni fuori dal matrimonio, era come cercare un ago in un pagliaio. Ma gli investigatori mai si diedero per vinti. E, come avevano già fatto per la ricerca del padre, partirono alla volta della Val Seriana anche questa volta.

Anche il racconto chirurgico di quella ricerca incredibile, durata due anni, lo ha fatto durante il processo nei confronti di Massimo Bossetti il dirigente della Polizia Stefano Bonafini. E noi giornalisti, che ormai sapevamo chi fosse quella donna quando lo abbiamo ascoltato, ne siamo comunque rimasti rapiti. Innanzitutto c'è da dire – come è spiegato bene anche nella sentenza – che le ricerche si svolgevano su due piani: da una parte quello dell'investigazione sul campo, dall'altra quello scientifico nei laboratori della Polizia e dell'Università di Tor Vergata a Roma.

Prima fase: cercare di ricostruire le reti di conoscenze femminili del Guerinoni negli anni di interesse e in particolare individuare le coetanee che in età fertile potevano essere emigrate dalla Val Seriana verso uno dei comuni dell'Isola. Cercando la madre di Ignoto 1 e allo scopo di scandagliare l'intera linea matrilineare, sempre sulla scorta dell'intuizione investigativa che l'autore dell'omicidio dovesse essere una persona che conosceva Brembate di Sopra e Chignolo d'Isola. La madre di Ignoto 1 avrebbe potuto essere anche la sorella di una delle donne individuate come potenziali «amanti» di Guerinoni. Alcune di esse, inoltre, erano nel frattempo decedute. Il punto di partenza era stata dunque la costruzione di una mappatura fedele e precisa di tutte le potenziali conoscenze femminili di Giuseppe Guerinoni.

«Per prima cosa abbiamo stilato un elenco di compagne di classe di scuola, vicine di casa, Gorno e Parre, le donne che avevano prestato servizio nei bar dove lui si fermava durante le pause lavorative, le colleghe di lavoro. Poi abbiamo preso anche le donne frequentatrici di locali notturni della zona in quell'epoca, che ammontavano a 32 persone individuate. Poi abbiamo anche pensato ad una donna che avesse potuto abbandonare quel figlio e siamo andati alla ricerca degli NN, cioè figli che potevano essere stati abbandonati, o riconosciuti solo dalla mamma, o affidati a istituti che ne curavano l'affidamento attraverso il Tribunale.» Oltre a quello relazionale del Guerinoni i contesti della ricerca erano dunque diversi. Partendo sempre dalla zona tra la Valle del Riso e la Val Seriana, in tutto 40 comuni oltre a quelli tra Brembate di Sopra e Chignolo d'Isola, 34 comuni. Sono stati dunque chiesti i dati anagrafici di tutti i figli di NN. Dopo questo primo step erano stati individuati 953 figli di NN, poi filtrati sulla base di dati anagrafici e quindi indagati 773.

Venne anche fatta una ricerca presso l'Archivio Storico estrapolato dalla Provincia di Bergamo che conteneva tutti i nascituri NN e tutti i dati di relativi figli che erano poi stati curati, gestiti, affidati dall'istituto IPAMI, che era l'Istituto per l'Assistenza Materna e l'Infanzia, sempre tra il 1953 e il 1975; che si riferivano quindi a figli che erano nati non in strutture ospedaliere, e poi la madre aveva deciso di non riconoscerli e quindi di abbandonarli. Oppure la madre entrava in ospedale, perché l'istituto era comunque connesso all'ospedale di Bergamo, partoriva in ospedale e successivamente al parto decideva di abbandonare il figlio. In tutto gli indagati erano 1.715.

«Esploravamo non solo il criterio anagrafico 1953/1975, ma anche la provenienza delle mamme. Quindi provenienza della mamma Val Seriana, provenienza della mamma Isola Bergamasca. Quindi diciamo che abbiamo esplorato tutti i possibili contesti in cui una persona, un nascituro potesse essere stato abbandonato, non riconosciuto, iscritto, aver preso il cognome della mamma, o il cognome del padre. Ma anche questa ricerca non ha dato i frutti che speravamo; di tutti veniva fatto un doppio campionamento di Dna, uno per il Ris per il nucleare e uno per la Polizia Scientifica per il mitocondriale», ha aggiunto Bonafini.

«Il 6 marzo 2013 viene inviato alla Procura un documento che reca "Confronti soggetti emersi quali emigrati verso l'Isola". Era interessante l'idea di studiare i movimenti anagrafici di Giuseppe Benedetto Guerinoni che poteva aver avuto una relazione clandestina in valle, ma poi i fatti, la nascita e il resto si erano sviluppati a Brembate e nell'Isola. Insomma Ignoto 1 avrebbe potuto essere nato nei comuni della Val Seriana, ma poi aveva vissuto nell'Isola. Ecco perché sono individuati tutti i maschi e le femmine, a prescin dere dall'età, che dal 1955 erano emigrati da nove comuni della Val Seriana (Gorno, Oltre il Colle, Oneta, Parre, Piario, Ponte Nossa, Premolo, Serina e Villa D'Ogna) a quelli dell'Isola a partire dai 17 anni di Guerinoni in poi.»

La ricerca aveva evidenziato 539 soggetti, di cui 252 maschi e 287 femmine. Togliendo poi i filtri dell'età, i maschi, le donne decedute, e quelle già state campionate, in definitiva la lista era di 285 persone, 101 maschi e 184 donne. Questa era la lista che poi abbiamo sottoposto.

«L'elenco completo era quello che ho detto, quindi 285 tra maschi e femmine, 184 donne. Era chiaro che non è che abbiamo trasmesso tutte le 184 donne subito. Questa trasmissione fa riferimento a 33 verbali di donne presenti in questa lista, che rientravano nei criteri che avevo accennato, cioè un trasferimento di residenza dalla Val Seriana ai comuni dell'Isola Bergamasca. Tra questi nominativi (qui è posta al primo posto, nella lista globale un po' più avanti) c'è anche Arzuffi Ester, che era nata il 23 febbraio 1947 a Villa d'Ogna, e aveva poi trasferito la propria residenza anagrafica il 18 settembre 1966 a Parre. Ed era per questo che prima avevo ricordato la data del 5 novembre 1966, in cui Guerinoni Giuseppe Benedetto trasferisce la sua residenza nel comune di Parre.»

A Parre la Arzuffi era rimasta fino al 15 maggio 1969, ed era poi emigrata a Brembate di Sopra. A Brembate di Sopra quindi dal 15 maggio 1969 rimane fino al 30 maggio 2012, dove trasferisce la sua residenza a Terno d'Isola. Quindi Arzuffi Ester rientra tra i criteri di scelta che ci eravamo dati: emigrati dalla Val Seriana... in uno dei comuni dell'Isola Bergamasca.

Intanto gli inquirenti erano andati in valle a sentire tutti quelli che erano stati amici e colleghi di Guerinoni in vita. Tra questi Vincenzo Bigoni, un ex autista della Sab insieme a Guerinoni. «È vero, il Giuseppe mi aveva detto che aveva avuto una mezza storia con una bella ragazza della zona e l'aveva messa nei guai ma... – aveva confermato il Bigoni anche a noi giornalisti – ma non mi aveva detto chi fosse né come si chiamasse; io dico che chi sa di più deve parlare.»

Lo avevamo intervistato ad aprile 2014, due mesi e mezzo prima dell'arresto di Bossetti. Secondo lui Guerinoni aveva incontrato la ragazza forse sull'autobus, forse al Park Hotel di Ponte Selva, locale dove si ballava e si conoscevano ragazze. «Io sono sempre stato un galantuomo e non ho mai fatto lo sciocco – ha detto Bigoni – quello era un posto dove si ballava, anche bello ed elegante, e non è detto che l'amore tra quei due si sia consumato in una stanza di quell'albergo, di quei tempi era facile allontanarsi un attimo con una ragazza nel buio senza essere visti; io non li ho visti insomma, ma potrebbe esser successo dovunque». Particolari che non aggiungono molto a quello che allora era ancora un giallo, ma che spiegano come forse erano andate le cose e come avrebbero potuto evolversi.

Bigoni era già stato sentito dal sostituto procuratore Letizia Ruggeri dopo che dall'anatomopatologa Cristina Cattaneo era stato confermato che il Dna prelevato dai vestiti di Yara era al 99,99999987% quello riconducibile a Giuseppe Guerinoni, deceduto nel 1999. Bigoni aveva confermato di non aver personalmente conosciuto la ragazza con cui Guerinoni aveva avuto una storia. «Lo sostituivo ogni tanto nelle corse di linea che lui faceva, ma non è che conoscessi il numero di scarpe di tutte quelle che salivano sul bus; sono sempre stato un galantuomo.» Lo avevamo incontrato nel bar del suo paese dopo l'interrogatorio e gli avevamo chiesto in che stato d'animo fosse a quei tempi Guerinoni, dopo aver saputo di avere un figlio illegittimo. «Era molto dispiaciuto e la storia gli aveva provocato non poco dolore; io stesso ero triste per lui e dopo aver saputo la storia non volevo più nemmeno dargli il cambio, mi imbarazzava...» Bigoni aveva ammesso davanti alle telecamere della Rai che la ragazza del mistero, la mamma dell'assassino di Yara, era forse della zona. «Assolutamente non so nulla, le mie parole sono state travisate», aveva aggiunto. Ma a nessuno di noi aveva mai convinto: come era possibile che in un paesino così chiuso, dove tutti sanno tutto di tutti, nessuno potesse ricordare quella storia di peccato, di quella ragazza giovane rimasta incinta e forse sparita per partorire, e di quel bambino che non si sapeva che padre avesse. Bigoni alla domanda sorrideva, come dire «già è impossibile», e aggiungeva:

«Qualcuno che sa ci sarà di sicuro. Ma non sono io». Infatti, senza che noi giornalisti sapessimo, un altro amico del Guerinoni, un ex alpino di Clusone, tale Antonio Negroni, si era presentato alla caserma del paese dal maresciallo Mocerino, comandante allora della stazione e poi trasferito in Procura come braccio destro della Ruggeri, e aveva raccontato la sua versione dei fatti. Una testimonianza utile e fondamentale.

«Signor maresciallo, ho saputo che state cercando l'amante del Guerinoni, la donna da cui ha avuto figli illegittimi. Io me lo sono ricordato, ne sono certo: è la Ester Arzuffi; prima viveva qui in valle, a Parre, poi dopo che ha partorito è andata con il marito a vivere giù nella bergamasca e non l'abbiamo praticamente più vista.» Negroni, 67 anni come lo stesso Bigoni, ha ricordato chiaramente che il Guerinoni, sensibile al fascino femminile, faceva il galletto con le ragazze che prendevano l'autobus ogni mattina per raggiungere la Cantoni e le altre fabbriche in valle. E ha ricordato chiaramente il volto e l'identità della mamma del famoso e fino ad allora ricercato Ignoto 1. Era metà giugno 2016. A dire il vero – secondo alcune voci abbastanza accreditate in paese – il Negroni, molto conosciuto tra gli alpini e non solo, si era confidato con altri amici e aveva ammesso di aver ricordato quella donna. Sta di fatto che alla sua dichiarazione il buon Mocerino, nativo di Afragola e «sgamato» napoletano, ma con la serietà e la precisione di un valligiano di adozione (lui stesso abita a pochi chilometri da Clusone, *N.d.R.*), è rimasto interdetto. «Ma davvero? Anche tu con questa storia come gli altri?» E mentre le altre donne che erano state indicate poche settimane prima sono risultate negative al test, sulla Arzuffi sia Negroni sia Mocerino stesso, che lo ha raccontato alla PM Letizia Ruggeri, hanno insistito. E hanno avuto ragione. La mamma di Ignoto 1 era proprio una di quelle 500 donne alle quali era stato preso il Dna perché trasferite dalla Val Seriana a Brembate oltre quarant'anni fa. La scienza ha sì posto fine alla questione del presunto assassino di Yara, ma senza quell'alpino e senza le chiacchiere di paese tipiche di luoghi dove si chiamano tutti Guerinoni, Bigoni, Arzuffi e Negroni, non si sarebbe mai arrivati alla realtà. Se Negroni abbia avuto tentennamenti da quando ha incrociato i dati nella sua memoria a quando ha deciso di dirlo ai Carabinieri poco conta oggi. Conta che lo abbia fatto. «Ho solo fatto il mio dovere di cittadino», ha detto allo stesso Mocerino. E il carabiniere ne è stato felice, anche perché, dal momento in cui si è scoperto che il Dna sugli abiti di Yara era dell'autista sepolto a Gorno, lui ha continuato a parlare, a girare in Paese, a insistere con quelle «chiacchiere» da bar e alla fine ce l'ha fatta. A noi di Giallo lo stesso Vincenzo Bigoni aveva detto: «La risoluzione di questo delitto è in questi paesi e nel buon cuore, o nel rimorso, di chi deciderà di parlare».

Negroni si era poi chiuso nel silenzio. Noi non riuscimmo a parlarci, ma anche nel processo verrà confermato che la sua testimonianza, parallela alle indagini scientifiche, fu fondamentale per trovare la madre di Ignoto 1.

Infatti, incrociando quella testimonianza e i dati di tutti i Dna femminili esaminati dal professor Giardina, a giugno 2014 si arriva ad Ester Arzuffi.

Purtroppo, però, nel frattempo, c'era stato un errore che aveva costretto la macchina della Giustizia a rallentare la sua corsa. Per un banale errore umano, inizialmente il Dna della Arzuffi non venne confrontato con il profilo di Ignoto 1 ma con il materiale genetico di Yara. E questo errore ha comportato un ritardo di circa due anni nella soluzione del caso.

Dottoressa Bruzzone, crede che dal punto di vista processuale questo errore potesse far cadere tutta la bontà dell'indagine?

Diciamo che il buon esito dell'inchiesta ha rischiato grosso a causa di questo errore umano. E anche questo passaggio dell'inchiesta dimostra come sia importante non perdere mai di vista l'investigazione di matrice logico-deduttiva. Grazie all'insistenza di investigatori della «vecchia scuola» (passatemi il termine) è stato possibile rimettere nella giusta careggiata l'indagine. L'alleanza tra investigatori e scienziati forensi è sacra e diventa ancor più fondamentale in casi come questi. Fortunatamente poi, la collaborazione tra il San Raffaele di Milano e l'Università di Pavia ha portato a comprendere che la traccia biologica di Ignoto 1 (repertata sugli indumenti intimi di Yara) non aveva la componente mitocondriale (il che non vuol dire che non vi fosse il Dna mitocondriale di Ignoto 1 ma solo che quella componente, complice la scarsa raffinatezza dei test utilizzati per il Dna mitocondriale rispetto a quelli utilizzati per il Dna nucleare, sia stata coperta dalla sovrabbondante presenza del Dna mitocondriale di Yara visto che si trattava di una traccia mista, ossia una traccia che conteneva il Dna di Ignoto 1 e di Yara). Si scopre così che il precedente confronto con il Dna mitocondriale delle potenziali madri di Ignoto1, che ovviamente avevano dato tutti esito negativo, era stato fatto per errore con il mitocondriale di Yara e non con quello di Ignoto 1. Si torna così a confrontare il Dna nucleare nei laboratori dell'Università di Pavia fino al 13 giugno 2014 quando il profilo di Ignoto 1 e quello di Ester Arzuffi vengono messi a confronto fornendo un cosiddetto «match» positivo. È lei la madre di Massimo Giuseppe Bossetti. Siamo alla svolta decisiva del caso.

Ecco come è stato riparato questo errore potenzialmente disastroso.

Non giungendo alcun risultato né dal Ris né dal dottor Giardina, la famiglia di Yara sollecitava, tramite il proprio consulente genetista Giorgio Portera, l'analisi delle formazioni pilifere repertate sul cadavere, che veniva affidata al dottor Previderè e alla dottoressa Grignani dell'Università di Milano. Siccome si trattava di formazioni pilifere prive di bulbo, l'analisi non poteva che avere ad oggetto il Dna mitocondriale. Su 150 formazioni pilifere di origine umana, 101 fornivano un prodotto di amplificazione della regione HV2 del Dna mitocondriale (le altre 49 non offrivano risultati); di queste, 94 presentavano l'aplotipo mitocondriale di Yara (o, meglio, della linea matrilineare di Yara), 7 una sequenza diversa.

Al momento del confronto con il presunto profilo mitocondriale di Ignoto 1, però, il dottor Previderè si accorgeva che il profilo della traccia 31-G19 (come anche il profilo maggioritario della traccia 31-G20) coincideva con il Dna mitocondriale della vittima. Due formazioni pilifere, una sulla maglietta e una sulla felpa, condividevano la medesima sequenza, le altre cinque, repertate una sulla felpa, due sulla maglietta e due nel terreno sotto il cadavere, sequenze diverse. Confrontate con le sequenze delle potenziali madri contenute nel database di Giardina, tre non trovavano alcun riscontro, le altre condividevano con alcuni soggetti una sola sequenza e tra le più frequenti nella popolazione (e, dunque, priva di valore identificativo anche semplicemente della linea matrilineare).

Ed ecco la vera svolta: notando che nel profilo nucleare di Ignoto 1 era presente un allele, il 26, rinvenibile nella popolazione europea solo nella misura dello 0,10% e di sicura origine materna (non avendolo Guerinoni), andava a verificare chi tra le potenziali madri avesse quell'allele e scopriva che compariva unicamente nel profilo di Ester Arzuffi e della sorella Simona. Tipizzato completamente, il Dna nucleare di Ester Arzuffi era la metà mancante rispetto a quello di Giuseppe Benedetto Guerinoni nel profilo di Ignoto 1.

Eccola! La madre dell'assassino è stata trovata. A questo punto non diventerà difficile trovare il figlio.

Pur non potendosi escludere che Ester Arzuffi avesse dato in adozione il figlio nato dalla relazione con Giuseppe Benedetto Guerinoni, l'attenzione degli inquirenti si concentrava sui due figli maschi legittimi della donna, Massimo Giuseppe e Fabio Bossetti, e in particolare sul primo perché nato in epoca più vicina al trasferimento della madre da Parre a Brembate.

Il 15 giugno 2014 Massimo Giuseppe Bossetti veniva fermato e sottoposto ad alcol test e il Dna estrapolato dal tampone salivare eseguito sul boccaglio dell'etilometro restituiva lo stesso profilo genetico nucleare di Ignoto 1.

Capitolo Sesto

Scattano le manette per Bossetti. Ma non è ancora finita

Dal momento dell'arresto di quello che ormai non è più Ignoto 1, ma un soggetto con una sua identità e una sua storia, ossia Massimo Giuseppe Bossetti, da parte degli inquirenti sono scattati successivi accertamenti che hanno condotto alla costruzione di ulteriori indizi gravi e concordanti, quelli che insieme al Dna hanno portato alla sentenza di colpevolezza.

Dottoressa Bruzzone, a suo parere quanto ha pesato il profilo vittimologico della bambina?

Quello che era certo, fin da subito era che non si trattava di una scomparsa volontaria. Difficile essere ottimisti circa le sorti della bambina sin dalle prime battute dell'inchiesta. La letteratura criminologica sul punto non lascia spazio a particolari speranze quando a sparire è una ragazzina con il profilo vittimologico di Yara Gambirasio. Purtroppo, in questi casi la scomparsa è quasi sempre opera di un predatore sessuale e le aspettative di sopravvivenza della vittima non superano le 36 ore dal momento in cui viene segnalata la scomparsa. Certo, queste sono informazioni da profiler e i familiari, giustamente, all'epoca dei fatti erano ancora fermamente convinti che Yara, prima o poi, avrebbe fatto ritorno a casa sana e salva. Ma si sbagliavano di grosso. Yara era una ragazzina tranquilla, posata, senza alcun problema in ambito familiare o in ambito scolastico. Non ci sono ombre nella sua vita, nessuna ribellione adolescenziale all'orizzonte. Non avrebbe avuto alcun motivo per allontanarsi dai suoi affetti e dalla sua quotidianità fatta di scuola, famiglia e ginnastica ritmica. No, Yara non se n'è andata via da sola, qualcuno deve averla presa con l'inganno. E sicuramente contro la sua volontà. Partono dunque le ricerche e vengono ascoltati amici, compagni di classe, parenti e conoscenti della ragazza, ma anche estranei che cercano di rendersi utili alle indagini. C'è, ad esempio, una persona che sostiene di aver notato, verso le 18.45, un furgone allontanarsi a tutta velocità dalla zona da dove Yara è scomparsa che, col senno di poi, sarà un dettaglio molto interessante. C'è il padre di un'altra ginnasta, che proprio in quei minuti ricorda di aver incontrato Yara nei corridoi della palestra, diretta verso l'uscita. Si tratta dell'ultima persona ad aver visto Yara in vita prima dell'incontro con il suo assassino.

Dottoressa Bruzzone, sotto il profilo criminologico, Bossetti è inquadrabile come predatore sessuale?

Il panorama del modus operandi dei predatori sessuali di bambini (o child molester) è molto variegato e tale diversificazione rende complesso classificare tutte le possibili tipologie di adescamento e le modalità con cui l'offender si garantisce il silenzio della vittima. Possiamo tuttavia suddividere i pedofili in due macro-categorie:

– coloro che minacciano il bambino per evitare che parli, con coercizione ed intimidazione;
– coloro che sviluppano complicate tecniche manipolatorie per avere accesso ai bambini in assenza di altri adulti di riferimento, tra cui: guadagnare la fiducia della madre

del bambino, sposare una donna con un bambino attraente, scambiarsi bambini con altri soggetti con pedofilia, o, in casi rari, adottare bambini di Paesi sottosviluppati o rapire bambini ad estranei.

Solitamente la vittima viene avvicinata dall'assassino attraverso semplici richieste di informazioni come la richiesta di indicazioni stradali o aiuto nel ritrovamento di un cucciolo o un animale (cani o gatti) che si è perso nella zona.

Più di 2/3, ossia il 70% dei rapitori e assassini di bambini, arriva a commettere questo tipo di crimine con il preciso obiettivo di abusare sessualmente del minore.

Circa la metà di questa particolare categoria di reati viene classificata come violenza sessuale e omicidio. Tale scenario ci porta ad affermare che tale particolare categoria di assassini è principalmente motivata da fantasie sessuali devianti. In questi casi abbiamo a che fare praticamente sempre con predatori sessuali veri propri. Soltanto nel 25% dei casi la scelta di rapire, abusare sessualmente e uccidere un minore è stata anticipata da un evento particolarmente stressante accaduto nella vita dell'assassino nell'arco dei sei mesi precedenti al reato. Solo nel 4% dei casi il soggetto aveva problemi coniugali all'epoca dei fatti, problemi di lavoro (nel 3,8%) e problemi economici (nel 6% dei casi). Nell'11% dei casi l'assassino aveva un conflitto con una figura femminile della sua vita e nel 8,4% dei casi aveva problemi di tipo penale.

La maggior parte delle vittime sono scelte per motivi di opportunità. Solitamente questi assassini non selezionano vittime con caratteristiche particolari di tipo fisico. Solo nel 14% dei casi la scelta della vittima era dettata da una precedente relazione con quest'ultima.

In circa la metà dei casi l'assassino ha ottenuto il controllo sulla vittima attraverso un'aggressione di tipo fisico. In 1/4 dei casi la vittima è stata legata prima della morte. La decisione di legare la vittima aveva sia motivazioni di tipo pratico che di tipo sessuale.

Per quanto riguarda le principali cause di morte abbiamo:

– asfissia meccanica per strangolamento o strozzamento nel 33,2% dei casi;

– trauma da colpo contundente nel 23,9% dei casi;

– ferite da punta e taglio nel 23% dei casi;

– asfissia con mezzi morbidi da intasamento e/o confinamento nel 12,2% dei casi;

– utilizzo di arma da fuoco nell'11% dei casi;

– annegamento nel 3,7% dei casi.

Solitamente questo tipo di assassini non commette atti bizzarri o inusuali sulla vittima e non mette in atto specifici rituali di tipo sessuale. Sono rari i casi di mutilazione o di torture sessuali vere e proprie.

Per quanto riguarda il luogo in cui il corpo viene abbandonato vengono selezionate nel 50% circa dei casi zone di tipo rurale e lontane da centri abitati. Solitamente il luogo in cui il corpo della vittima viene abbandonato viene selezionato in maniera preventiva da parte dell'assassino. In oltre 50% dei casi il corpo viene nascosto.

Circa il 24% degli assassini ritorna nel luogo in cui ha nascosto il corpo della povera vittima nei giorni successivi al delitto (soprattutto nell'intervallo temporale dei tre giorni successivi al delitto). Tendono nella metà dei casi a seguire le notizie divulgate dei media in relazione al rapimento della piccola vittima. Circa il 10% degli assassini cerca di «intrufolarsi» nelle indagini come possibile testimone del rapimento. In circa il 15% di casi studiati l'assassino aveva rivelato a qualcun altro ciò che aveva commesso. In circa il 10% dei casi l'assassino ha contattato la famiglia della vittima e nel 10% dei casi ha contattato la Polizia o i media. In circa il 10% dei casi subito dopo il delitto l'assassino ha cambiato residenza.

Una volta ritrovato il corpo della piccola vittima, solitamente le indagini sulla scena del crimine e sul corpo della vittima consentono di raccogliere numerose tracce riconducibili all'assassino dal momento che la causa di morte solitamente ha comportato un contatto diretto tra vittima e autore. Le tracce dell'assassino che maggiormente troviamo sulla piccola vittima e sulla scena sono formazioni piliferi, seguite da impronte, liquido seminale, fibre e sangue.

Dal punto di vista personologico sappiamo che molti pedofili mostrano tratti di matrice narcisistica, borderline e antisociale. In questi casi l'attività sessuale con bambini prepuberi ha come finalità, oltre al soddisfacimento della pulsione sessuale, anche quella di «rafforzare» la fragile autostima del soggetto. Per questo motivo, alcuni individui affetti da questa parafilia scelgono delle professioni nelle quali possono interagire con bambini, possibilmente in assenza di altri adulti di riferimento. Queste scelte professionali, oltre a garantire maggiori occasioni di contatto, offrono ai pedofili la possibilità di ottenere dai bambini risposte idealizzanti che li aiutano a mantenere un'immagine positiva di se stessi. D'altra parte, spesso è il pedofilo a idealizzare i bambini e l'attività sessuale con loro, in modo da poter sostenere sia la fantasia inconscia di fusione con un oggetto ideale sia quella di ristrutturazione di un Sé giovane e idealizzato. In questi soggetti l'angoscia generata dall'invecchiamento e dalla morte può essere tenuta a distanza attraverso contatti sessuali con bambini.

In merito al profilo personologico del pedofilo, diversi studi hanno ipotizzato che i child sex offenders siano spesso connotati da disturbi di personalità; in particolare quelli maggiormente ricorrenti sembrano essere:

– il Disturbo Narcisistico di Personalità, connotato da un pervasivo senso di grandiosità, necessità di ammirazione e mancanza di empatia;

– il Disturbo della Personalità Antisociale, che concerne l'incapacità del soggetto di conformarsi alle norme sociali, impulsività, aggressività e mancanza di rimorso;

– il Disturbo Borderline di Personalità, caratterizzato da instabilità pervasiva dell'umore, delle relazioni interpersonali, dell'immagine di sé, dell'identità e del comportamento.

Altra caratteristica che sembra essere presente nella maggior parte dei sex offender riguarda le limitate capacità empatiche: l'empatia è un costrutto composto da caratteristiche cognitive e affettive che identifica la capacità di un soggetto di comprendere profondamente i sentimenti e le cognizioni dell'altro, prescindendo da giudizi e prese di posizione.

Per quanto riguarda il profilo criminologico in cui rientra Massimo Giuseppe Bossetti, possiamo ragionevolmente collocarlo all'interno della categoria dei child molester situazionali, con particolare riferimento alla sottocategoria dei child molester regressivi

I regressivi sono caratterizzati da bassa autostima e scarsa capacità di adattamento sociale; solitamente questi soggetti arrivano a scegliere un minore come sostituto di un partner sessuale adulto sulla scorta di una serie di sollecitazioni negative che ricevono dal loro ambiente di riferimento e che producono un effetto regressivo sul funzionamento dell'Io. In quel tipo di scenario la relazione con un partner adulto (solitamente preferito dal soggetto) appare fonte d'ansia eccessiva e quindi viene sostituito con un minore, considerato un soggetto decisamente più agevole con cui confrontarsi; l'azione aggressiva può essere scatenata da eventi stressanti e può riguardare anche soggetti minori che fanno parte del nucleo familiare del CM situazionale. Agiscono soprattutto con modalità coercitive e non raramente collezionano materiale pornografico. In questi casi l'omicidio della piccola vittima è decisamente probabile perché il sex offender non ha sviluppato tecniche e strategie adeguate per garantirsi il silenzio della piccola vittima che viene così uccisa per impedirle di rivelare quanto è accaduto.

Dottoressa Bruzzone, a suo parere quali sono stati gli elementi che hanno reso granitico l'impianto accusatorio contro Bossetti oltre al Dna?

A mio avviso sbaglia chi ritiene che l'unico elemento a carico di Bossetti sia il suo Dna sulla vittima. C'è molto altro. Circostanze temporali e spaziali che lo collocano nei pressi del palazzetto dello sport proprio in concomitanza con la scomparsa della piccola Yara: celle telefoniche, le immagini di diverse telecamere e le tante, troppe bugie in merito alle sue reali abitudini e frequentazioni. Le celle telefoniche lo collocano a Brembate (circostanza che neppure la difesa ha potuto negare). Le immagini di diverse telecamere hanno immortalato (guarda caso) un furgone perfettamente compatibile al suo fare avanti e indietro proprio in quella zona, proprio mentre Yara spariva nel nulla. Il furgone viene ripreso transitare più volte dalle 18 alle 18.47, per poi ripassare ancora anche alle 19.51. Quindi non è vero che il muratore passava di lì per tornare a casa dal lavoro. Quel giorno poi, da quanto emerso dagli accertamenti, non era neppure andato al lavoro, ragion per cui non aveva proprio alcun motivo valido di trovarsi a Brembate a quell'ora. E, sulla base di quanto afferma una consulenza tecnica dell'accusa, Yara proprio su quel furgone è salita per il suo ultimo viaggio. Lo testimonierebbe la presenza sui leggins della bambina di «fibre riconducibili al tessuto costituente la stoffa dei sedili» del furgone dell'imputato. Bossetti poi non ha un alibi per quella maledetta serata. La moglie non ha confermato quanto da lui sostenuto dinnanzi agli inquirenti. E l'immagine da «famiglia da Mulino Bianco» che l'uomo ha tentato di fornire durante le indagini si è ben presto frantumata contro l'evidenza di «un ménage di coppia» un po' «affollato». E poi ci sono le bugie. Le tante, troppe bugie in merito alle sue reali abitudini e frequentazioni. A cominciare dall'aver negato di frequentare assiduamente il centro estetico situato in via Gotti, a due passi da casa Gambirasio (guarda caso) per fare delle lampade abbronzanti. E a suggellare in maniera decisamente illuminante l'impianto accusatorio è arrivato anche l'esito della consulenza informatica sul computer in sequestro. Secondo gli esperti incaricati dell'analisi sulle abitudini di navigazione di Bossetti, proprio quest'ultimo (e non altri membri della sua famiglia) avrebbe fatto ricerche digitando le parole «ragazzine rosse, tredicenni per sesso, vergini». L'ultima ricerca sarebbe avvenuta la mattina del 29 maggio 2014, in un momento in cui i figli erano a scuola mentre lui risultava assente dal lavoro.

«Inoltre, i risultati delle indagini genetiche hanno ricevuto piena conferma da una serie di elementi raccolti dopo il fermo.» È con queste parole che i giudici di prime cure hanno messo la parola fine a questa terribile vicenda, suggellando con la condanna più pesante prevista dal nostro ordinamento un impianto accusatorio imponente che non ha trascurato nessun elemento, nessuna pista a cominciare da quella, tanto «cara» agli innocentisti irriducibili, dell'insegnante di ginnastica della bambina di Brembate. Che Silvia Brena sia del tutto estranea al delitto emerge in maniera lampante dalle carte dell'inchiesta che, per essere più chiari, hanno ampiamente considerato sotto il profilo investigativo e poi escluso la sua posizione. Silvia Brena, con buona pace di chi ancora si ostina a tormentare con ipotesi ed illazioni fantasiose questa giovane donna, voleva bene a Yara e non le ha fatto mai del male.

Siamo di nuovo in aula davanti alla Corte d'Assise di Bergamo prima e poi di Brescia in Appello per il processo a Massimo Giuseppe Bossetti.

A spiegare cosa è stato fatto a livello di accertamenti video fotografici, è stato il colonnello Giampietro Lago del Ris prima e successivamente gli altri consulenti della Procura come alcuni ingegneri della Iveco, la ditta produttrice dell'autocarro, contattati dal Ris per le comparazioni.

«Abbiamo recuperato le immagini delle telecamere poste nelle vicinanze del centro sportivo di Brembate di Sopra, che ben poco ausilio avevano offerto nella prima fase delle indagini (non inquadrando le targhe degli automezzi), allo scopo di verificare se avessero immortalato un autocarro o una vettura come quelli di proprietà di Bossetti. Emergendo da una prima analisi la presenza in più fotogrammi di un autocarro somigliante a quello di Bossetti, i Dvd contenenti le immagini riprese dagli impianti a circuito chiuso installati presso la Banca di Credito Cooperativo di Sorisole di via Rampinelli, presso la ditta DGM Mori, presso l'area di servizio Shell davanti all'ingresso principale del centro sportivo e delle due telecamere della ditta Polynt, erano trasmessi al Laboratorio di Videofotografia del Ris di Parma. Le immagini, tutte in bianco e nero, erano ottimizzate e confrontate con l'autocarro Iveco Daily modello 35C11 passo 3450 targato CH605NZ celeste chiaro di proprietà dell'imputato. Più specificamente, nonostante l'ottimizzazione, le immagini estrapolate dalla telecamera della ditta DGM Mori, da quella dell'area di servizio Shell delle ore 19.25:34, 19.43:26

e 19.55:41 e dalla telecamera n. 1 della ditta Polynt non consentivano di risalire alla marca e al modello dell'autocarro in esse immortalato.»

Le attività di ottimizzazione operate su otto delle immagini estrapolate dalle telecamere installate presso la Banca di Credito Cooperativo di Sorisole, su una serie di immagini della telecamera della Shell e sulle immagini estrapolate dalla telecamera n. 2 della Polynt permettevano di rilevare degli elementi (relativi alla forma, ai profili, alle luci e alla conformazione) che consentivano di stabilire che il mezzo ripreso era un autocarro marca Iveco modello Daily di colore chiaro, passo 3450, secondo i consulenti del Ris, compatibile con quello di proprietà di Bossetti in termini di «identificazione probabile» (così definita secondo le linee guida internazionali in materia: «Forti elementi a supporto dell'ipotesi che le immagini a confronto riproducano il medesimo soggetto sulla base dell'assenza di caratteri difformi, della corrispondenza dei tratti osservabili e dell'assenza di elementi individualizzanti»).

In particolare, la «corrispondenza dei tratti osservabili» era rinvenuta in ventuno punti, tra cabina, cassone e cassetta porta attrezzi marca Butti, la maggioranza dei quali (fasce plastiche sui bordi del tetto della cabina, luci d'ingombro, prese d'aria del cofano, indicatori di direzione, tappo serbatoio, maniglia della portiera, sponda riparo cabina) di serie e altri (ganci basculanti della sponda del cassone, striscia di diverso colore lungo le sponde del cassone, serbatoio da ritenere in base alla distanza dalla ruota posteriore da 90 piuttosto che da 70 litri, presenza della cassetta porta attrezzi marca Butti, presenza nella parte inferiore del telaio della cassetta porta utensili) diffusi sugli autocarri con cassone ribaltabile. Altri (le aree cromatiche corrispondenti agli inserti poligonali e alle macchie di ruggine del cassone) erano decisamente più caratteristici, sebbene – a giudizio degli stessi consulenti del Pubblico Ministero – non individualizzanti.

Anche la ricerca degli elementi di comparazione tra il mezzo ripreso dalle telecamere e quello di Bossetti è stata molto minuziosa e affascinante, se vogliamo. Il Ris ha spiegato di aver prima di tutto ristretto il campo d'indagine a quelli appartenenti a soggetti residenti in provincia di Bergamo, e di questi solo cinque risultavano simili a quello di proprietà dell'imputato; visti da vicino, ognuno dei cinque presentava delle differenze – non sempre apprezzabili nelle immagini delle telecamere – rispetto a quello di Bossetti. Quelle cinque persone sono state sentite dai militari a sommarie informazioni e invitati a documentare ove si trovassero il 26 novembre 2010. Poi, sulla base delle loro dichiarazioni e della documentazione prodotta, era stato escluso che quello immortalato dalle telecamere fosse il loro autocarro.

Accertato che il cassone dell'autocarro era stato trasformato da fisso a ribaltabile dopo l'acquisto da parte di Bossetti, era quindi stata individuata la ditta che aveva montato il nuovo cassone (la Orvi di Mapello), i cui allestimenti erano caratterizzati dalla forma conica dei rinforzi laterali, particolare che, secondo quanto riferito dall'appuntato Andrea Pinton in servizio a Brescia all'udienza del 16 dicembre 2015, «non era rinvenibile sugli altri veicoli fotografati» e – stando a quanto detto dai giudici – neppure distinguibile nelle immagini delle citate telecamere a causa della scadente qualità.

Ecco in breve il racconto dell'appuntato: «Abbiamo proceduto con i file fornitici da Iveco tramite la Motorizzazione, a farci estrapolare tutti i mezzi immatricolati in ambito nazionale alla data del 26 novembre 2010. Poi tramite il PRA a fornirci quelli radiati dal 26 novembre 2010 all'agosto del 2014. Alla Motorizzazione chiedevamo di suddividerci questi mezzi appunto per intestatari, e dividerceli per regione, provincia e comune di residenza, e di estrapolarci tutti quelli con il cassone ribaltabile. Sicché la somma di questi due esiti che abbiamo detto porta a un totale di 4.363 mezzi circolanti, e 87 radiati. Sicché un totale di 4.450 mezzi dello stesso modello di quello sequestrato al Bossetti». Ancora una volta ascoltando quel racconto di questa indagine ci siamo stupiti di quanto fosse stato fatto e di quanto unica risultasse ancora una volta questa ricerca della verità.

«Di questi mezzi procediamo, tramite le stazioni competenti per territorio, ad identificare gli intestatari dei mezzi, e ad effettuare quattro foto (frontale, retro, laterale destro e laterale sinistro). Si procedeva partendo dalla Provincia di Bergamo e poi...»

Il PM ha poi chiesto: «Di tutti questi, quindi di 1.929?».

TESTE PINTON - Sì, scusi, volevo arrivare. Si partiva dalla provincia di Bergamo, ci si allarga fino a toccare in ordine le regioni Lombardia, Veneto, Piemonte, Emilia Romagna e Trentino Alto Adige, per un totale di 1.929 mezzi. Di tutte queste identificazioni dei proprietari, e di tutte le foto di questi 1.929 mezzi vengono improntati dei fascicoli fotografici, dove viene confrontato il mezzo fotografato con il mezzo sequestrato al Bossetti.

Vengono individuati, come mezzi simili, cinque mezzi nella provincia di Bergamo. Simili – entrando nel particolare – uno perché aveva il maniglione posteriore e la cassetta attrezzi. Ma comunque non aveva altro rispetto a quello sequestrato al Bossetti. Uno con una striscia rossa, ma che non aveva la cassetta porta-attrezzi sotto il telaio e i rinforzi nelle sponde. Uno con doppia cassetta porta-attrezzi, quando il Bossetti ne aveva una. Uno con parte di una striscia rossa, e cassetta porta-attrezzi sul cassone. E uno con la cassetta porta-attrezzi sul cassone. Questi erano simili per queste cose che vi ha detto, ma non avevano tutte le ulteriori caratteristiche presenti nel mezzo del Bossetti. Praticamente dai fascicoli fotografici, che sono 1.791, più i 138 mezzi radiati, che sono stati identificati anche di questi i proprietari ed acquisita l'eventuale documentazione radiati per esportazione all'estero, radiati per perdita di possesso, radiati per demolizione o radiati per furto. Acquisendo tutta la documentazione è stato accertato appunto, che, oltre i cinque mezzi che vi ho detto poco prima, non ce n'erano altri che potevano essere simili a quelli sequestrati al Bossetti.

Riportiamo uno stralcio della deposizione del 16 dicembre 2015:

PM - Cioè li avete guardati proprio tutti?

TESTE PINTON - Tutti, tutti.

PM - Fotografati tutti?

TESTE PINTON - Uno a uno.

PM - Uno a uno.

TESTE PINTON - Sono tutti depositati i fascicoli. Un fascicolo per ogni mezzo. In tutto 1.791 schede.

L'appuntato in aula ha poi descritto alcune schede con nome del proprietario, targa, caratteristiche eccetera. Evitiamo di riportare tutto perché sarebbe eccessivo. «Di tutti questi cinque mezzi è stato accertato che non vi era la loro presenza in Brembate, e acquisita la relativa documentazione dove, a suo tempo, stavano svolgendo la propria attività lavorativa», ha aggiunto.

PM - Con riferimento al furgone Fiat Iveco targato CH... quello di Bossetti, quindi vogliamo rifarne un attimo la storia? Era uscito con un'altra targa?

TESTE PINTON - Tornando alle esatte caratteristiche del mezzo sequestrato al Bossetti, esce, come vi dicevo, dalla Iveco nel giugno 1999, e va alla ditta Borona, che è una concessionaria di mezzi. Dove appunto accertavamo che la stessa non aveva più della documentazione, essendo transitati i dieci anni. Però ci dicevano che effettuavano i loro allestimenti presso due ditte. La Cattaneo di Cesano Maderno confermava l'allestimento fatto sul Fiat Iveco. Sul preventivo si poteva notare, dato allora alla Cattaneo, il modello, il 35C11/passo 3450.

PM - 3450?

TESTE PINTON - 3450. Studiavamo lo storico al PRA, e il primo agosto 2003 veniva fatto un passaggio di proprietà a nome del Bossetti. Il 2 settembre 2003 c'era un cambio targa per distruzione con l'attuale targa CH605NZ. Oltre a variazione sulla carrozzeria. Precisamente il cassone veniva sostituito da fisso a ribaltabile. I lavori erano stati eseguiti da parte della ditta Orvi di Mapello. Accertavamo, tramite la ditta Orvi di Mapello, che, effettivamente, loro avevano sostituito il cassone da fisso a mobile, per l'esattezza ribaltabile trilaterale, con un particolare univoco loro della ditta, che erano i rinforzi presenti nelle sponde. Io li chiamo così perché li ho sempre chiamati dall'inizio, detti grezzamente in forma triangolare o conica, perché comunque partono larghi nella parte inferiore e tengono ad andare a stringersi non completamente a punta una sorta di trapezio, ecco. Dalla somma di queste due cose, e cioè dalle esatte caratteristiche del mezzo sequestrato a Bossetti, a tutti i 1.791 veicoli visti, praticamente, a parte quelli simili, ma che sono simili solo perché avevano delle cose, ma non ne avevano tante altre rispetto al mezzo sequestrato al Bossetti, non ho rinvenuto, non ho visto questo particolare univoco di questo rinforzo. Rinforzo che presenta il mezzo del Bossetti. Dirò di più, nell'unico file originale della Motorizzazione, che ci ha fornito tutti i dati, di tutti i mezzi Fiat Iveco 35C11 con i ribaltabili, dove ci sono scritte tutte le ditte che hanno effettuato gli allestimenti, come vengono trascritte nella carta di circolazione, l'unico cassone della ditta Orvi è quello sequestrato al Bossetti. Non c'è un altro cassone della ditta Orvi montato sul modello Fiat Iveco Daily 35C11.

PM - Vogliamo dire, magari nel dettaglio, per ogni regione quanti mezzi avete comparato?

TESTE PINTON - In totale erano 1.929 suddivisi per provincia, in Lombardia 72...

La difesa con le domande dell'avvocato Salvagni e di Camporini ha cercato di mettere in difficoltà il teste riguardo agli accertamenti fatti e ai numeri dei furgoni in totale immatricolati e confrontati. Si è cercato di ottenere la possibilità di una nuova perizia proprio sui numeri ritenuti discordanti che avrebbe comunque necessitato di molto tempo, ma alla fine la Corte non l'ha accordata. Un ennesimo battibecco questa volta tra la difesa e l'avvocato Pezzotta di parte civile ha ravvivato un'udienza molto tecnica.

Da parte della difesa, che si è affidata al consulente Ezio Denti per gli accertamenti sul furgone, è emerso che non vi era alcuna compatibilità tra le immagini delle telecamere e il mezzo di proprietà di Bossetti. In particolare, Denti ha analizzato le fotografie con l'autocad e ha concluso che il «passo» del mezzo non era quello indicato dal Ris; insomma stando alle sue misurazioni, passo era 3000 e non 3450 come indicato dal Ris e dai produttori Iveco. Da una prima deposizione in cui aveva concluso per una «indicazione di identità» (termine che nella classifica internazionale è inferiore a identificazione probabile), nella seconda parte della stessa deposizione è arrivato alla «esclusione».

Secondo il consulente della difesa, inoltre, effettuando

la medesima operazione comparativa tra mezzo e immagini delle telecamere e non tra veicoli, gli autocarri rispondenti ai criteri di corrispondenza individuati dal Ris sarebbero assai più numerosi rispetto ai cinque oggetto dell'approfondimento effettuato dall'appuntato Pinton. L'imputato, pur non negando di essere stato a Brembate di Sopra nel tardo pomeriggio del 26 novembre 2010, ha ritenuto di non riconoscere nell'autocarro immortalato dalle telecamere il suo.

Ciò che appare dirimente, tuttavia, è che gli stessi consulenti del Pubblico Ministero concludano in termini di elevata compatibilità (e non già di identità) tra l'autocarro immortalato in alcuni frame delle telecamere e quello di proprietà dell'imputato. Gli elementi di corrispondenza tra il mezzo ripreso e quello di Bossetti individuati nella relazione del Ris, inoltre, sono elementi di serie (quelli della cabina) o rintracciabili su una pluralità di autocarri cassonati (la cassetta porta-attrezzi o i ganci), mentre quelli dotati di maggiore capacità individualizzante o sono scarsamente apprezzabili nelle immagini (la forma dei rinforzi delle sponde laterali del cassone su cui si è soffermato l'app. Pinton) o sono incomparabili alla luce del tempo trascorso tra il 26 novembre 2010 e il sequestro dell'autocarro dell'imputato (le macchie di ruggine).

Tale conclusione spiega perché la Corte abbia ritenuto di non approfondire ulteriormente il tema degli accertamenti videofotografici e il correlativo tema della sincronizzazione delle telecamere, respingendo le richieste di perizia e di acquisizione documentale e testimoniale avanzate in fase di processo.

Si è passati poi ancora una volta a spiegare la metodologia utilizzata dai Carabinieri e messa in discussione dalla difesa. Il Ris ha spiegato punto per punto anche la finalità di analizzare le riprese delle telecamere intorno alla palestra e il riconoscimento di quel mezzo in base anche al particolare della ruggine, delle luci ma soprattutto dei cunei laterali.

Al di là delle analisi del Ris e dell'enorme lavoro fatto dai militari a questo punto si è scatenata una polemica, che ha avuto un seguito sui media, ma che poi è stata ricomposta durante il processo. Ancora una volta sulla questione «video del furgone» abbiamo dovuto rilevare una distonia tra quello che accadeva in aula e quello che si leggeva sui giornali o si vedeva in tv.

All'affermazione del comandante del Ris Giampiero Lago, fatta durante l'udienza del 30 ottobre 2015, che il video che è stato mostrato in tv del furgone di Bossetti intorno alla palestra era stato realizzato per uso e consumo dei media, si è scatenata la difesa e, in particolare quella parte della stampa che ormai aveva dimostrato chiaramente di essersi schierata dalla parte dell'imputato. Il giornalista (allora di *Matrix*) Luca Telese, che qualche udienza aveva frequentato (ma non tutte, *N.d.R.*), sul quotidiano «Libero» ha parlato di «video taroccato e falso». Al punto che il comandante del Ris lo ha querelato per diffamazione.

Ma nell'aula del processo la questione è stata quasi irrilevante. Al Presidente della Corte Antonella Bertoja, che ha «tagliato corto» sulle opposizioni della difesa, è bastato che nei fascicoli processuali fossero state depositate tutte le immagini senza alcuna distinzione e senza montaggi. E solo quelle sono passate allo studio dalla giuria in vista della sentenza.

La conclusione della vicenda, che comunque ha avuto meno eco di quella mediatica sul presunto «falso» è stata chiara ed è arrivata a dicembre 2016 quando il giudice per le indagini preliminari del tribunale di Bergamo Raffaella Gaudino ha respinto l'istanza di opposizione dei legali di Massimo Giuseppe Bossetti e ha archiviato, come aveva chiesto la Procura, l'indagine a carico dell'ufficiale dei Carabinieri Gianpietro Lago, querelato con le ipotesi di false informazioni a pubblico ministero, falsa testimonianza, falsa perizia e diffamazione, per la sua deposizione al processo sull'omicidio di Yara Gambirasio. Le immagini in oggetto sono quelle girate da una videocamera di sorveglianza della ditta Polynt, da un'altra posizionata al distributore Shell di via Locatelli e infine di una banca di via Rampinelli: se il furgone ripreso sia quello di Massimo Bossetti oppure no è stato motivo di ulteriore scontro tra accusa e difesa, con i rispettivi consulenti di parte ad illustrare teorie contrapposte.

«Va osservato – scriveva infatti il gip Raffaella Gaudino disponendo l'archiviazione chiesta dal PM – che i videogrammi corrispondono a immagini effettivamente riprese dagli apparecchi di sorveglianza. L'aver fatto realizzare e poi dare alla stampa per la diffusione un filmato con le predette immagini, montate in sequenza, non rappresenta, inoltre, una modalità idonea ad aumentare l'offensività della notizia già resa nota dell'arresto di Bossetti, per l'omicidio di Yara, sulla base di ben altre evidenze processuali.»

Capitolo Settimo

Massimo Giuseppe Bossetti, detto «il Favola»

In questo capitolo, riprendendo alcune testimonianze del processo di primo grado a Massimo Giuseppe Bossetti, risalenti al dicembre 2015, facciamo una digressione dagli aspetti più tecnici della storia e ci concentriamo su un punto che è fondamentale, per tracciare la personalità dell'imputato.

Dottoressa Bruzzone, perché la Procura ai tempi dell'indagine volle acquisire queste testimonianze, pur sapendo che non avrebbero costituito la parte centrale della prova? Quanto secondo lei hanno contato nella sentenza finale?

In vicende di questo tipo risulta di fondamentale importanza anche definire il profilo personologico del soggetto sospettato (prima) e imputato (poi) e stabilire se lo stesso possieda una serie di caratteristiche, sia sotto il profilo psicopatologico che sotto il profilo comportamentale, tali da renderlo compatibile con uno scenario come quello che ha riguardato il caso di Yara Gambirasio. Indubbiamente le testimonianze che la Procura ha voluto acquisire all'epoca dell'indagine, anche se sotto il profilo strettamente probatorio potrebbero non avere una rilevanza dirimente, risultavano utili per collocare un evento di tale gravità all'interno delle abitudini di vita del soggetto in questione. E ritengo che siano state rilevanti, anche se non le troviamo ampiamente citate nelle varie sentenze di condanna, dal momento che hanno sicuramente consentito di approfondire le caratteristiche di personalità di Bossetti e di far emergere un suo quadro, a mio avviso, perfettamente coerente con ciò che ci aspetteremmo di trovare in un soggetto che nutre fantasie parafiliche strettamente collegate a soggetti che avevano le medesime caratteristiche di Yara Gambirasio. Proprio per via del particolare profilo vittimologico della piccola Yara Gambirasio e della matrice sessuale del suo omicidio, risultava sicuramente importante approfondire le caratteristiche psicologiche e comportamentali del principale sospettato per verificare la sussistenza a suo carico di problematiche psicopatologiche in grado di alimentare uno scenario di interesse parafilico. In questo caso, tutta una serie di caratteristiche di Bossetti, in primis la sua pervicace propensione a mentire e la sua propensione a celare la parte più oscura dei suoi interessi sessuali, lo rendeva compatibile con il profilo psicologico di un soggetto in grado di porre in essere condotte della medesima fattispecie. Indubbiamente questo passaggio non può essere considerato una prova ma, sotto il profilo investigativo, rappresentava un dato importante che andava a consolidare ulteriormente il granitico impianto accusatorio a suo carico.

Le condizioni in cui è stato lasciato il corpo esanime della bambina parlano chiaro: reggiseno slacciato, mutandine tagliate, scena del crimine appositamente selezionata in modo tale da non lasciare scampo alla vittima. In altre parole, proprio la «firma» comportamentale di un predatore sessuale inesperto, sì, ma non per questo meno letale. Aggiungiamo poi le «eloquenti» ricerche effettuate sul computer di casa Bossetti e i contenuti delle lettere inviate ad un'altra detenuta, tale Gina, nel periodo precedente l'inizio del processo di primo grado e il quadro è più che completo. Neppure le sbarre e l'assai realistica prospettiva di una condanna all'ergastolo sono riuscite a «sedare» le sue fantasie sessuali abnormi.

Sul punto la Corte di Assise di Bergamo ha mostrato di avere le idee molto chiare quando scrive: «Un omicidio di inaudita gravità, maturato in un contesto di avances a sfondo sessuale, verosimilmente respinte dalla ragazza, in grado di scatenare nell'imputato una reazione di violenza e sadismo di cui non aveva mai dato prova fino ad allora. Le sevizie e la crudeltà disvelano l'animo malvagio dell'agente, che ha agito con l'istinto di arrecare dolore ed in assenza di sentimenti di compassione e pietà». Ma non è tutto, la Corte di Assise di Bergamo si spinge ben oltre rimettendo in fila, uno dopo l'atro, tutti gli elementi probatori che inchiodano Bossetti al delitto con particolare riferimento alle fasi cruciali della brutale aggressione subita dalla piccola vittima. In sentenza leggiamo infatti: «Bossetti non ha agito in modo incontrollato, sferrando una pluralità di fendenti, ma ha operato sul corpo della vittima per un apprezzabile lasso temporale, girandolo, alzando i vestiti e tracciando dei tagli idonei a causare sanguinamento e dolore ma non il decesso nell'immediato, dopodiché ha lasciato la vittima ad agonizzare in un campo isolato e dove non è stata trovata che mesi dopo». Il quadro che viene tratteggiato dai giudici di primo grado nelle 157 pagine della sentenza non lascia quindi spazio al benché minimo dubbio in merito a cosa sia successo quella maledetta sera del 26 novembre 2010 nel campo di Chignolo d'Isola. La Corte ricostruisce con vivida precisione anche gli ultimi attimi di vita della povera Yara, il terrore e la disperazione che ha provato lì da sola, in quel campo isolato, al buio, al freddo e ferita a morte.

Nella prima fase processuale, il dibattimento si è arricchito di numerose testimonianze di colleghi di lavoro, amici, parenti e conoscenti dell'imputato, che avevano frequentato in qualche modo e per qualche motivo Massimo Bossetti anche negli anni precedenti.

Interessante la deposizione in aula di Enio Panzeri, titolare dell'impresa edile di Cisano Bergamasco dove Bossetti aveva lavorato dal 2004 al 2008. Inizialmente il muratore di Mapello era stato presentato a Panzeri dal cognato Osvaldo Mazzoleni, marito della gemella di Massimo, ovvero Laura Letizia. Tutto era andato liscio per un po', fino a che Mazzoleni era andato via dall'impresa per mettersi in proprio e Bossetti era rimasto con Panzeri come capocantiere. Non sono fondamentali le dinamiche dei rapporti personali, ma proprio quelle tra datore di lavoro e dipendente. Riportiamo l'interrogatorio di Panzeri in aula del 18 dicembre 2015.

PM - Si è trovato bene Lei con Bossetti come capocantiere?

TESTE PANZERI - Sì.

PM - Lungo tutto il periodo della sua collaborazione con lui?

TESTE PANZERI - Sì, salvo un periodo poi verso il 2007/2008, che poi i nostri rapporti si sono conclusi. Ma niente che possa dire di che.

PM - Come mai si sono conclusi i vostri rapporti?

TESTE PANZERI - I nostri rapporti si sono conclusi per una mia scelta, perché circa nel 2007 avevamo preso un impegno insieme, dovevamo andare a costruire una casa giù a Val di Taro; lui mi disse di sì, se non che quindici giorni prima di dovere andare lui mi disse di no, a questo punto venne a mancare di parola e io non proseguii più il lavoro con lui. Questo fu il motivo. Perché tra l'altro non era neanche dipendente, ma era artigiano.

PM - Perché non aveva rispettato l'impegno?

TESTE PANZERI - Sì.

PM - Aveva addotto qualche motivazione?

TESTE PANZERI - No

La PM Letizia Ruggeri a quel punto ha fatto a Panzeri una contestazione ricordando la sua deposizione davanti ai Carabinieri di Bergamo, nella quale aveva affermato: «L'ho classificato come una persona opportunista e per certi aspetti cinica...». A quel punto il Panzeri ha risposto: «Ma può capitare quasi in tutti i posti di lavoro che qualcuno, per cercare di attirare l'acqua al suo mulino, dice che la colpa è sempre di quell'altro. Questo lui lo faceva, questo lo posso dire. Adesso dire il momento specifico non glielo so dire, ma questo lo posso sicuramente dire. Sì, perché, questo sicuramente, e ne sono certo di questo, passò un periodo difficile, che aveva i suoi problemi personali, e questo lo diceva anche lui, con la moglie, e diceva che lui non ce la faceva più, minacciava il suicidio...».

A quell'affermazione di Panzeri, Bossetti è letteralmente saltato sulla sedia e ha urlato, interrompendo la deposizione: «Non è vero, non ho mai detto ciò. Assolutamente, non ho mai fatto un'affermazione così». Il Presidente Antonella Bertoja, tuttavia, lo ha messo subito a tacere facendo continuare il Panzeri.

«Voglio dire che c'era uno stato d'animo...», ha spiegato il testimone.

Il PM allora ha continuato chiedendo se arrivava puntuale al lavoro, una domanda considerata rilevante per tracciare poi gli spostamenti e i movimenti di Bossetti, il modo di lavorare, determinante per indagare sulle dinamiche del fatto, ma che per il Presidente sono state meno rilevanti.

La Ruggeri, infatti, ha specificato: «Non è la puntualità che interessa, ma i motivi che adduceva per giustificare che arrivava in ritardo».

A quel punto si è scatenato in aula un battibecco tra i difensori di Bossetti che hanno insistito nel considerare irrilevanti ai fini del processo questi particolari e l'avvocato di parte civile Andrea Pezzotta. «Se volete parlare solo voi allora...», ha detto stizzito il legale.

A quel punto il Presidente ha continuato rivolta al teste: «Lei ha avuto occasione di rilevare, cioè di constatare con sicurezza, che le giustificazioni addotte da lui per ritardi, come per altro tipo di inadempienze o problemi sul lavoro, fossero mendaci?».

Teste Panzeri - C'è stato questo preciso periodo lì dove lui aveva probabilmente dei problemi con la moglie, che succedevano queste cose. E io avevo presunto – diciamo che era una presunzione – che avesse dei problemi. Tant'è che non l'ho mai neanche ripreso, perché aveva uno stato d'animo che era sottoterra.

Presidente - Ma in questa occasione lei ha rilevato la menzogna? Arrivava alle dieci, anziché alle otto...

Teste Panzeri - No, non ho la prova certa per poter dire sì. Era lui che diceva che aveva dei problemi, non è che ero io...

PM - Aveva un soprannome? Le risulta che avesse un soprannome, che lo avessero soprannominato in qualche modo?

TESTE PANZERI - Sì, in cantiere lo chiamavano «il Favola».

PM - «Il Favola», con riferimento a che cosa?

TESTE PANZERI - Perché dicevano che raccontava le bugie. Diceva che aveva sempre un problema che gli sanguinava il naso.

PM - Lei lo ha mai visto con il naso sanguinante?

TESTE PANZERI - No.

A quel punto del processo è accaduto qualcosa che, sinceramente, ha lasciato noi cronisti allibiti. Il Bossetti, che durante tutte le udienze in cui si era parlato della traccia di Dna che lo incastrava sulla scena del crimine, nonché degli altri indizi pesanti a suo carico, come le celle telefoniche o il furgone, o la mancanza dell'alibi per la sera del delitto, era stato zitto in un angolino, davanti alle parole di Panzeri si è alzato e ha voluto rendere dichiarazioni spontanee. Mi è parso che fosse più interessato a tutelare la sua «reputazione» di narcisista, che a difendersi dalle gravi accuse mossegli.

Ecco in originale le sue dichiarazioni spontanee:

IMPUTATO BOSSETTI - Sull'affermazione che ha rilasciato il signor Panzeri: non è affatto vero delle cose che io dicevo contro mia moglie. Assolutamente, non ho mai accennato una volta di dire una cosa che io avessi avuto problemi con mia moglie. Questo non è assolutamente vero.

PRESIDENTE - Quindi Lei nega, non solo di aver detto cose contro sua moglie, cosa che per altro neanche il teste ha riferito.

IMPUTATO BOSSETTI - Assolutamente.

PRESIDENTE - Ma Lei smentisce di aver confidato...

IMPUTATO BOSSETTI - Al cento per cento, non ho mai confidato niente.

PRESIDENTE - ...a questo signor Panzeri problemi di difficoltà

PRESIDENTE - Dopo che questo signore, secondo Lei, ha coniato questo soprannome, qualcuno altro la chiamava così?

IMPUTATO BOSSETTI - No, era lui che istigava il personale a chiamarmi così. Non erano loro che mi chiamavano «il Favola».

Insomma, Bossetti non solo vuole tenere alta la sua reputazione di irreprensibile marito e lavoratore, ma non esita a gettare fango su altri.

L'udienza è poi andata avanti con altre testimonianze molto interessanti sotto il profilo della definizione della personalità e del vissuto di Bossetti.

Un altro operaio del cantiere di Panzeri, alle domande della PM sul motivo per cui fosse soprannominato «il Favola» rispose:

TESTE QUARTI – C'erano episodi che ci facevano pensare... esempio quando veniva sul cantiere a dire che aveva picchiato la moglie, che non poteva più avvicinarsi a casa, o non poteva più vedere i figli perché aveva delle denunce. Quelle cose lì. Disse che doveva presentarsi per un periodo dai Carabinieri per delle firme, per quel motivo qua.

PM - Quindi vi ha detto che aveva l'obbligo di firma?

TESTE QUARTI – Sì.

PM - Presso quale stazione dei Carabinieri?

TESTE QUARTI - Lui diceva a Ponte San Pietro.

PM - Aveva un orario in cui doveva andare ad assolvere questo obbligo?

TESTE QUARTI - Verso le cinque e mezza, le sei. Dopo le cinque, dalle cinque alle sei diceva. Poi intanto che leggeva un foglio che diceva che era l'atto del giudice, piangeva. E poi mi ha detto: «Io a 'sto punto vado sui ponti di Sedrina e mi butto giù».

PM - Ha detto così?

TESTE QUARTI - Sì.

PM - Quindi lui è arrivato un sabato mattina con in mano questo foglio. Lei non ha visto cosa c'era scritto?

TESTE QUARTI - No, io ho visto solo che sopra, era qualcosa della Giustizia, poi non so, perché ce l'aveva in mano

PM - Un'altra volta vi ha fatto vedere un altro foglio manoscritto riguardante un capannone?

TESTE QUARTI - Sì, un foglietto era, che mi aveva detto che aveva preso in affitto un capannone lì a Terno o a Chignolo, dalle sue parti.

PM - Ed era vero che aveva preso in affitto un capannone?

TESTE QUARTI - No, poi è risultato che non era vero.

Il testimone abita a Brembate di Sopra, il comune dove abitava Yara, proprio nei pressi della via Rampinelli della famiglia Gambirasio. Alla domanda del PM se avesse mai visto Bossetti in zona, il testimone ha detto di aver visto qualche volta il suo camion davanti al ristorante La Toscanaccia, che si trova proprio in via Rampinelli.

Dalle nostre indagini giornalistiche avevamo in effetti accertato che Bossetti era andato qualche volta a pranzo in quel ristorante che si trova proprio di fronte a casa dei Gambirasio.

All'operaio la PM ha chiesto se Bossetti aveva mai detto a lui che avrebbe dovuto subire un intervento chirurgico alla testa e che aveva problemi di salute seri. E lui ha confermato che Bossetti diceva di soffrire di epistassi e basta. Un particolare importante ai fini processuali che si rivelerà soprattutto in futuro e capiremo perché.

Anche un altro testimone, l'operaio Ghilardi, alla PM ha detto: «Ricordo diversi episodi durante i quali si lamentava della moglie che lo tradiva, che avrebbe dovuto divorziare e tutta una serie di conseguenze. Una sera, quando eravamo insieme, si lamentava con il Panzeri della sua situazione e si mise a piangere come un bambino. L'episodio mi meravigliò perché credetti fosse vero, ma in seguito venni a conoscenza che erano tutte invenzioni».

Importante anche quello che ha riferito l'idraulico Pietro Valsecchi, che aveva lavorato con Bossetti a diversi progetti e che io stessa avevo incontrato durante la fase delle indagini in un ristorante di Brembate. Valsecchi davanti alla Corte ricorda in particolare un episodio: «Mi ricordo che una mattina, e questo l'ho già detto nel verbale dei Carabinieri di Almenno, è arrivato sul cantiere una mattina, era un po' agitato, così, tornando a quel discorso che ci sentivamo ogni tanto e che lui aveva il mio numero di telefonino sul suo cellulare. Viene lì e mi dice che la moglie gli aveva chiesto la separazione, e sapendo che io ero già separato dal '96, mi ha chiesto un po' le procedure della separazione. Io ci ho creduto ovviamente. Poi ricordo che mi disse che per tre giorni lui doveva assentarsi perché doveva fare, non so se un'operazione al setto nasale o qualcosa del genere. Poi un paio di giorni dopo Panzeri mi chiese in quale ospedale era ricoverato, io gli risposi che non lo sapevo, perché mi aveva detto che andava a fare qualcosa in ospedale, ma non mi aveva specificato l'ospedale. Panzeri allora mi raccontò che aveva girato due o tre ospedali per andare a fargli visita, ma non lo aveva trovato, praticamente non c'era...».

A riprova del fatto che Bossetti non soffrisse di nulla in particolare e che non avrebbe dovuto sostenere alcun intervento chirurgico, in aula è stato sentito anche il dottor Nazario Mazzoleni medico di base di Bossetti dal 2009 al 2014

PM - Le risulta che il signor Bossetti fosse affetto da malattie encefaliche?

TESTE MAZZOLENI - No, ed è improbabile, anche a vostra riprova, perché una TAC, una risonanza magnetica non può essere all'oscuro delle persone, vengono registrate quindi nego sia esami di quel tipo, che tumori, risonanze magnetiche o interventi di qualsiasi genere. Lo vedevo se pure due volte all'anno e a parte qualche antinfiammatorio per mal di schiena non gli avevo prescritto.

AVV. SALVAGNI - Si ricorda se il signor Bossetti soffrisse anche di epistassi?

TESTE MAZZOLENI - No.

E ancora una volta queste dichiarazioni del medico si scontrano con quello che Bossetti racconta al Locatelli, un altro collega con cui aveva lavorato anche sul cantiere di Seriate, ovvero dove era stato arrestato a giugno 2014.

TESTE LOCATELLI - Bossetti mi diceva che aveva un tumore alla testa e che andava a fare le chemio.

PM - Uno o due tumori alla testa?

TESTE LOCATELLI - Due mi ha detto.

PM - Quando gliel'ha detta questa cosa qua?

TESTE LOCATELLI - Eravamo lì a mangiare tutti assieme.

PM - Tutti assieme, Lei con chi anche?

TESTE LOCATELLI - Con Zani Elia, perché eravamo sempre io e il mio collega Zani Elia, perché abitavamo a Dossena tutti e due e allora lavoravamo insieme. Sì, ecco ci ha detto che in quel periodo lì aveva perso anche un bambino. Insomma che la moglie aveva abortito... (altra circostanza che non troverà riscontro).

Ed ecco a questo punto l'ennesima incursione di Bossetti che si alza e decide di riferire dichiarazioni spontanee riguardo a queste presunte bugie.

IMPUTATO BOSSETTI - Signor Presidente, confermo quello che ha detto Locatelli e che Claudio Andreoli ha ribadito dicendo che io ho detto quella storia lì di avere un tumore alla testa. È vero, e me vergogno e me ne scuso tantissimo, ma la motivazione è questa: siccome da gennaio io non percepivo più i soldi, da gennaio fino a giugno, ero fuori di oltre 10.000 euro, mi è stato intimato dal signor Claudio e Mario Andreoli, il padre, di non assentarmi neanche mezz'ora, neanche una mezza giornata per andare a fare altri lavori. Loro sapevano che mi assentavo a fare anche altri lavori.

PRESIDENTE - Loro lo sapevano?

IMPUTATO BOSSETTI - Lo sapevano, Mario lo sapeva.

PRESIDENTE - Sì, ma questo lo ha detto.

IMPUTATO BOSSETTI - Lo sapevano. Il discorso cos'era? Io non potevo dare una motivazione dicendo: io vado via a fare altri lavori, perché voi non mi pagate. Io non potevo dire una cosa così perché mi è stato detto da loro che se io mi allontanavo, e se venivano a sapere che andavo a svolgere altre attività lavorative fuori dal loro cantiere, mi bloccavano i pagamenti. Allora cosa ho fatto? Ho preso la palla al balzo, è venuta a mancare la moglie di un operaio, Carrara Albino, e la motivazione che mi è venuta in mente subito era di mentire, di mentire dicendo: «Io mi devo assentare per fare dei cicli tumorali in zona a Milano, non ditemi niente ma devo andare a fare queste visite e questi esami». E lui mi ha detto: «Ma è grave?». «Eh, non lo so, adesso sto facendo dei cicli così.» Però era l'unica motivazione che potevo dare per assentarmi, per poter svolgere altre attività e percepire dei soldi, visto che da loro non potevo percepire gli stati d'avanzamento. La motivazione è questa. Io ho detto una cosa brutta, però dovevo coprirmi la giornata. Io ho chiesto a Claudio: «Cosa porto a casa io a fine mese? Non posso mica portare a casa un secchio di sabbia o dei forati alla moglie, alla famiglia?». «Non preoccuparti, non preoccuparti, appena vendiamo degli appartamenti ti chiamiamo in ufficio e cominciamo a darti un tot degli avanzamenti.» No, non è giusto, io a fine mese pretendo la fatturazione completa. E loro hanno detto: «Ti do un anticipo». «No, non lo voglio l'anticipo.» Perché se io prendevo l'anticipo per un po' non li vedevo. Niente, non ho accettato niente di questo e sono andato avanti, avanti, avanti così. Fino a quando ho dovuto insinuare di avere quel male qua. Questa è la vera motivazione: l'assenza dei pagamenti. Ho dovuto mentire per questo. Me ne scuso per questo e mi vergogno altamente di averlo fatto. Purtroppo, era l'unica motivazione che avevo da fare.

Una testimonianza molto importante per tracciare la personalità del Bossetti. Dottoressa Bruzzone, cosa possiamo dire del profilo di Bossetti?

Incensurato, 44 anni ancora da compiere, è sposato con Marita Comi, dalla quale ha avuto tre figli di 8, 10 e 13 anni. È un amante degli animali e una persona che tiene molto al suo aspetto fisico. In particolare, è fissato con l'abbronzatura, tanto che si fa spesso le lampade, anche all'insaputa della moglie. E, tra parentesi, le fa due volte a settimana in un centro estetico che dista 150 metri dalla casa dei Gambirasio. Ma quella delle lampade non è l'unica bugia che racconta. Ai suoi colleghi, infatti, dice di avere un tumore al cervello e di dover assentarsi ciclicamente dal lavoro per sottoporsi alla chemioterapia, mentre in realtà gli servono dei giorni liberi per fare lavoretti extra. Ma a parte queste bugie, forse di poco conto, è un uomo apparentemente normale, che la domenica va a messa e a trovare i genitori. Un insospettabile, insomma. E proprio per questo, un perfetto assassino. E che si sia trattato di un omicidio a sfondo sessuale non sembrano proprio esserci dubbi di sorta. C'è poi l'analisi di uno dei computer sequestrati in casa Bossetti, dal quale emergono delle ricerche fatte su Internet, l'ultima delle quali a maggio 2014, inserendo le parole chiave «sesso» e «tredicenni». E tredici anni, ricordiamolo, è proprio l'età di Yara, anche se Bossetti si giustifica dicendo di non essere stato lui a fare quelle ricerche. Sempre sul computer, inoltre, sono presenti foto di giovani ragazze intente a fare esercizi di danza, e mappe satellitari della zona a ovest di Bergamo. Insomma, il suo profilo è coerente con la tipologia di crimine commesso, ossia di chiara matrice sessuale.

Un predatore sessuale a caccia, così lo descrivono i giudici secondo i quali è proprio il furgone di Bossetti quello immortalato dalle telecamere citate negli atti nei pressi della palestra proprio nello stesso intervallo temporale in cui Yara è scomparsa. Nulla viene risparmiato all'imputato, nessun dettaglio, neppure il più terribile, di quel maledetto 26 novembre 2010 nelle parole dei giudici. A cominciare proprio dal ricordo che, secondo la Corte, rappresenta una sorta di pistola fumante: «Non solo il telefono era spento, proprio nell'orario in cui Yara è sparita, ma l'imputato si ricordava perfettamente il particolare relativo a quel pomeriggio», nonostante fossero passati quattro anni da quel giorno. E a conferma di tale particolare così significativo citano la conversazione intercettata in carcere tra Bossetti e la moglie nel dicembre del 2014: «Io sono sicuro che il telefono era scarico», mentre Marita Comi risponde: «Come puoi ricordarti che hai il telefono spento e non ti ricordi dove eri?». Ecco perché tale passaggio assume un'importanza centrale nella motivazione della conferma della condanna all'ergastolo dal momento che «l'imputato aveva sempre detto agli inquirenti e alla moglie di non ricordare cosa avesse fatto quel pomeriggio; peraltro, proprio dal particolare ricordato, si ha la dimostrazione che egli ricorda bene che cosa è avvenuto quel pomeriggio tanto da destare l'irritazione e l'incredulità della moglie che non sta facendo l'inquisitore, come sostiene la difesa, ma rimane sorpresa di fronte al preciso ricordo del marito». In particolare, emerge la sua attenzione per donne giovani. Molto giovani. Troppo giovani.

L'interesse di Bossetti per le giovanissime ci era stata confermata dal collega Piero Valsecchi durante un'intervista che gli avevamo fatto in fase di indagini: «Ogni tanto andavamo a mangiare fuori insieme ai colleghi e lui, se nel locale entravano ragazze, anche ragazzine con la minigonna, non capiva più nulla; gli partiva l'embolo (espressione dialettale per dire "non si controllava") e diceva che doveva andare a conoscerle, doveva averle! Io ne fui impressionato...».

Così molto curioso l'incontro con Eva Ravasi, una donna che lo aveva contattato su eBay per acquistare uno specchio di seconda mano che Bossetti vendeva. Interessante non solo l'approccio del Bossetti, ma anche il luogo prescelto per l'incontro e le circostanze. A Chignolo d'Isola, la località al centro di quell'incontro, fu infatti ritrovato il cadavere di Yara Gambirasio nel febbraio 2011.

PM - Lei lavora a Chignolo d'Isola?

TESTE RAVASI - Io lavoro a Chignolo d'Isola.

PM - Quindi le era comodo Chignolo d'Isola. E Bossetti le disse che conosceva molto bene...?

TESTE RAVASI - Molto bene Chignolo d'Isola, perché lui era di Mapello.

PM - Poi?

TESTE RAVASI - Poi ci siamo sentiti la sera, quando mi ha mandato praticamente le foto dello specchio, dicendo che era antico. Poi siccome tra le foto, il prezzo eccetera, eccetera l'ho chiamato. L'ho contattato e lui mi ha detto se ci potevano incontrare. Perché nell'ultimo messaggio lui mi scriveva che non poteva prima delle 18.30 perché era a Mantova. Quindi ci siamo sentiti telefonicamente per accordarci sul luogo. Lui come posto mi ha proposto il cimitero di Chignolo d'Isola.

PM - Il cimitero?

TESTE RAVASI - Sì. Io sorridendo, perché mi sembrava un posto poco accogliente diciamo così, ho detto se aveva un posto meno lugubre, allora ho proposto io la Flag, visto che comunque è la zona dove io lavoro. Io lavoro in via Industriale dell'Isola, quindi per me era comoda.

PM - In via Industriale dell'Isola?

TESTE RAVASI - Sì.

PM - E la Flag, scusi, che cos'è?

TESTE RAVASI - Non so cosa producono, penso cose plastiche. Ci siamo presentati, mi ha mostrato lo specchio, mi ha detto che era uno specchio di sua nonna. Abbiamo parlato praticamente del prezzo; il prezzo partiva da 60 euro, poi però... Comunque già telefonicamente ci eravamo detti che era un prezzo che si poteva barattare. E poi, parlando, mi ha chiesto dove lavoravo, e mi ha detto che lui praticamente doveva chiudere delle attività e che aveva bisogno di una impiegata. Che cosa facevo io e che aveva bisogno di una impiegata. A quel punto mi ha chiesto se conoscevo qualcun'altra e io ho detto che avevo una sorella minore. E lui: «Ma è bella come te tua sorella?». Io gli ho risposto di sì, è mia sorella, poi però ho capito che non cercava un'impiegata e me ne sono andata. Avevamo concluso a 35 euro lo specchio e mi ha detto che se non ero contenta dello specchio ci saremmo potuti rincontrare per cambiarlo o sostituirlo.

PM - Poi lo ha più rincontrato?

Teste Ravasi - No, anche se la cornice dello specchio non era di legno ma di plastica e non era certo antico...

A questo punto delle deposizioni si è inserita quella di Massimo Maggioni, imbianchino di Brembate ed ex socio di Osvaldo Mazzoleni per la costruzione di alcune villette a Palazzago, sul famoso cantiere dove stava lavorando Bossetti nel periodo del delitto. Maggioni, in realtà, era parte civile nel processo per il reato di calunnia del quale Bossetti era imputato e dal quale poi è stato assolto in via definitiva. Vista la conclusione processuale della vicenda non trattiamo la questione diffusamente, tuttavia importante è ricordare la vicenda in sintesi.

Quando Bossetti era stato arrestato e gli era stato chiesto come mai il suo Dna si trovasse sugli slip della povera Yara Gambirasio, egli aveva raccontato una storia ai limiti dell'incredibile. Aveva infatti detto che lui soffriva di epistassi spesso e che una volta aveva utilizzato un fazzoletto che aveva poi gettato nel cantiere. A quel punto aveva lanciato l'accusa su Maggioni, fino ad allora suo amico: «Io ho gettato il fazzoletto sporco di sangue nei rifiuti del cantiere e sicuramente Maggioni lo ha raccolto...». La sua tesi era quella che Maggioni, dopo aver rapito Yara e averla uccisa, aveva cercato di incolpare Bossetti mettendo a contatto della ragazza il fazzoletto contenente il sangue del muratore di Mapello! La Procura aveva voluto fare delle indagini per verificare questa circostanza, quindi aveva messo sotto controllo con intercettazioni telefoniche e ambientali Maggioni e la sua famiglia, lo aveva fatto seguire e poi interrogare. Aveva infine verificato dove fosse il 26 novembre 2010. Non solo Maggioni aveva negato assolutamente la circostanza riferita dal Bossetti, ma aveva poi potuto dimostrare che in quel periodo era stato sottoposto ad un intervento chirurgico di ernia al disco e quindi non andava al lavoro, per di più stava facendo delle sedute di riabilitazione per cui sarebbe stato impossibile compiere il delitto.

Per questo motivo la Procura aveva ravvisato i motivi di un'imputazione per calunnia nei confronti di Bossetti, considerata anche la circostanza per cui, dopo che la notizia dell'indagine a carico di Maggioni era stata pubblicata sul «Corriere» di Bergamo, l'uomo era stato letteralmente «assediato» da giornalisti e costretto a modificare le sue abitudini e poi a dover curare quella situazione di stress psicologico anche dopo che si era stabilita la sua assoluta estraneità ai fatti di cui il suo ex amico e collega Bossetti lo accusava. «Tutto ciò mi ha ferito profondamente – ci aveva confidato Maggioni in un'intervista – credevo che Massimo fosse mio amico, non avrei mai immaginato che potesse accusarmi di una cosa così terribile; non vivo più da quando è successo.»

Le ricerche sul computer

Un capitolo che ha fatto non poco battagliare accusa e difesa, ma che ovviamente costituiva una prova abbastanza interessante soprattutto per definire il movente sessuale del delitto, è quello delle ricerche pornografiche e pedopornografiche riscontrate dai Carabinieri del Ris all'interno dell'hard disk dei computer di Bossetti registrati col nome di «Massimo». L'esame degli esperti del Ris e dei consulenti della difesa è stato molto tecnico, come si può immaginare, ma cercheremo di raccontarne in sintesi i tratti salienti. C'è da specificare che i consulenti della difesa hanno cercato di stabilire che le ricerche non erano state effettuate nei termini in cui sono descritte dall'accusa da Bossetti e che alcune erano state fatte dal figlio Nicholas, che allora aveva 10 anni. La stessa moglie Marita Comi si è poi caricata della responsabilità di aver effettuato le ricerche in questione, tuttavia la prova che sia stata lei o il figlio è stata scardinata in quanto entrambi non erano in casa quel giorno e a quell'ora indicata dal pc.

Il capitano D'Aguanno, esperto informatico del Ris, nella sua deposizione del 20 febbraio 2016, ha spiegato: «In sostanza sono stati correlati i risultati della ricerca delle stringhe di caratteri, quindi delle parole chiave che sono state indicate dalla Polizia giudiziaria e i risultati ottenuti dall'analisi della cronologia Internet. Questa attività ha consentito di rilevare delle ricerche effettuate tramite il motore di ricerca Google, che, come è noto, indicizza moltissimi contenuti sul web e li restituisce all'utente in funzione delle ricerche che vengono fatte dallo stesso. Nello specifico sono state rilevate delle ricerche, delle URL, quindi degli indirizzi che si riferiscono a delle risorse Internet. Quindi, ad esempio, a delle pagine nello specifico. Le prime tre URL sono accomunate dalle stesse stringe di caratteri ricercate, e nello specifico "ragazzine con vagine rasate". Il primo URL di questa ricerca è stato recuperato da un backup che il sistema operativo Microsoft Windows, da Xp e successive versioni, fa per garantire all'utente la possibilità di effettuare un ripristino del sistema in un certo periodo temporale, quindi in caso di mal funzionamenti. All'interno di questa copia di backup, che tecnicamente viene definita volume shallow copy, che mantiene, tra l'altro, come metadati associati, la data di creazione che appunto è l'11 giugno 2014, ore 22.56.10 UTC, e il nome della macchina associata. Quindi in questo caso «Massimo-Tosh».

PM - Quindi all'interno di questo backup è stato incluso questo URL...

C.T.P. D'Aguanno - Sì, è presente un altro URL, questo ancora più complesso. Anche questo è stato recuperato all'interno dello spazio non allocato. Quindi non ha riferimenti temporali. Possiamo sicuramente rilevare la presenza del parametro «q». In questo caso i termini ricercati sono «ragazze vergini rosse». Troviamo un altro parametro, che però la società Google non ha inteso pubblicare, descrivere, il parametro «pq» che è risultato associato a «ragazzine rosse tredicenne per sesso». Questa stringa di questo carattere qui. E possiamo identificare un tag, diciamo un altro parametro «sag exp», che è riconducibile a un servizio del motore di ricerca Google di suggerimenti automatici, che il motore di ricerca, in funzione della ricerca che l'utente in quel momento sta facendo, propone al di sotto. Quindi una sorta di menu a tendina dove vengono proposti dei risultati attinenti a quella ricerca, e quindi l'utente è libero di selezionare queste attività predittive, insomma uno di questi risultati, oppure continuare con la propria ricerca.

PM - Quindi la propria ricerca qual era stata nella specie?

C.T.P. D'Aguanno - Nella specie il parametro «q» è sempre lo stesso, quindi «ragazze vergini rosse» in questo caso.

PM - «Ragazze vergini rosse.»

A questo punto è intervenuto l'avv. Pelillo, legale della famiglia Gambirasio: «Un'altra domanda. Avete riscontrato che ci sia stato un accesso anche a siti finalizzati all'incontro?».

C.T.P. Specchio - Se ci basiamo sul nome del sito, tipo «easyincontri.com» è verosimile, però non lo so.

PM - Il record precedente, dove «ragazze rosse con poco pelo sulla vagina», è sempre un risultato che vi ha restituito la Pars The Search Query? È sempre una digitazione fatta da un essere umano questa qui, anche se non si è potuta datare?

C.T.P. Mazzini - Anche in questo caso possiamo vedere all'interno dell'indirizzo URL il parametro «q=» seguito dalle parole «ragazze+rosse+con+poco+pelo+sul+vagina». Quindi anche in questo caso si tratta di una ricerca, e quindi di parametri passati al motore di ricerca per essere eseguiti. Quindi di una ricerca eseguita.

PM - Venendo ad un altro genere di contenuti, avete trovato anche voi che sia stato cercato un articolo – vado a pagina 80 – di una notizia di cronaca, sempre fatta cercando su Google?

C.T.P. Mazzini - Risulta la visione del sito web mattinopadova.geolocal.it, nello specifico l'articolo di cronaca... Ve lo leggo, ma sostituisco i «%20» con gli spazi, lo leggo in modalità di persona diciamo. «Violenza sessuale su una minore trentenne agli arresti domiciliari cronache Il Mattino di Padova». Poi c'è «Ragazza nuda rossa imbragata». La query è «ragazza+nuda+rossa+imbragata».

C.T.P. Mazzini - Il sito web in esame è youtube.com, ed è presente il parametro di ricerca che si utilizza all'interno di YouTube, quindi «search_query=» e quindi si dice che c'è una ricerca del contenuto «ragazza nuda rossa imbragata» sul portale, sul sito web youtube.com.

PM - Invece un altro tipo di ricerche che avete fatto con dei sistemi diversi, e mi riferisco ai risultati che vedo a pagina 175, in cui vedo che sono stati cercati (o non so come, se mi può spiegare Lei) «filmati con ragazzine pompinare», «download ragazzine porche», «filmate ragazzine con vibratori», «vere ragazzine», «sesso con una ragazzina giapponese». Le dico tutte insieme perché sembrano tutte frutto di una medesima ricerca. «Teen pompino», «bella teenager dai capelli rossi dal pelo della topa rossa con la pelle bianca come il latte e piena di lentiggini ma tanto porca», «teen pompino», «teenager del pompino»...

È stata un'udienza davvero particolare. Ricordo ancora i miei sentimenti di madre, oltre che di giornalista, mentre ascoltavo quelle parole che rimandavano non tanto a qualcosa di pornografico. Non mi sarei scandalizzata affatto. Il punto è che quelle stringhe di ricerca apparentemente fredde e prive di «umanità» erano opera di un padre di famiglia, un uomo che adesso sedeva davanti a noi in un'aula di giustizia. Un uomo accusato di un delitto efferato nei confronti di una ragazzina, e proprio il termine «ragazzina» era quello ricercato in quel computer, ma deprivato di umanità, di sentimenti e di innocenza... Ero turbata: come si fa a deprivare di umanità un termine così fresco, innocente, vitale per piegarlo a delle perversioni? Non può essere «normale» che un padre di famiglia vada a cercare una «ragazzina», no, non può! E per quanto questo aspetto dell'accusa non è stato considerato una prova regina come quella del Dna sugli slip della «ragazzina», dal punto di vista umano non ha fatto altro che rafforzare il convincimento che l'imputato seduto in quell'aula avrebbe potuto essere senza ombra di dubbio l'autore di quel delitto.

Marita, moglie di Bossetti

Un paragrafo a parte merita Marita Comi, la moglie di Bossetti, sentita nell'udienza del 24 febbraio 2016. Dopo che la mamma Ester Arzuffi e il fratello Fabio Bossetti avevano deciso di non parlare, Marita pur inizialmente con un filo di voce (tanto da costringere il Presidente a chiedere di alzarla, *N.d.R.*) ha scelto di affrontare le domande del PM, del Presidente della Corte e dei difensori. Tutta Italia aveva potuto conoscerla quando, dopo l'arresto del marito, aveva scelto di rilasciare un'intervista al settimanale «Gente», con tanto di fotografie di famiglia, e una alla trasmissione Mediaset *Matrix* di Luca Telese. Come si vedrà, entrambe le interviste erano state lautamente pagate, ma questo per ora non conta. La sua esigenza, ovviamente, in quel momento in cui la sua famiglia era andata in pezzi e in cui l'unica persona che lavorava in casa era in carcere, era quella di guadagnare qualcosa per affrontare la vita e le spese legali. Una scelta che può essere condivisa o no, ma che comunque riportiamo.

Marita, classe 1974, alta, magra, capelli lunghi e viso regolare, è effettivamente una bella donna. La sua vita è quella di tutte le giovani di provincia della sua epoca: nel 1992 conosce «il Massi» durante una gita per prendere il sole sul Brembo (lei abita a Valtrighe una frazione di Mapello, *N.d.R.*) e tra i due nasce una storia. Nel 1999, dopo un fidanzamento classico, si sposano e nel 2001 nasce il primo figlio: Nicholas. Due anni dopo la seconda e poi la terza bambina. La loro vita, apparentemente, è quella di qualsiasi normale famiglia italiana: lui fa il muratore, lei è casalinga. Vanno a trovare i genitori del Massi la domenica a pranzo e regolarmente frequentano il fratello di Marita, Agostino Comi, e la moglie Nadia che abitano a pochi passi dall'abitazione dei Bossetti a Piana di Mapello. Una cascina ristrutturata che dividono con la mamma vedova di Marita, Adelina. I rapporti familiari con i parenti sono ottimi e dopo la scomparsa di Yara, anche loro ne parlano, come tutti in quella zona. La casa di Bossetti, infatti, è a pochi chilometri da Brembate di Sopra e le sue bambine sono persino andate qualche volta a nuotare nella piscina del centro sportivo frequentato dalla piccola ginnasta. Bossetti da Brembate ci passa spesso. A suo dire sia per andare a trovare il fratello Fabio che vive a pochi passi dalla casa dove aveva vissuto l'infanzia, in via Delle Rose, sia per il commercialista. Addirittura, racconta che si fermava a comprare figurine e giochini ai figli nell'edicola che si trova nel parcheggio della palestra di Yara.

Abbiamo scelto di riportare quasi interamente la sua deposizione. Il PM Letizia Ruggeri senza perdere tempo le chiede: «Lei ha mai chiesto a suo marito che cosa aveva fatto lui quella sera lì? (il riferimento ovviamente è al 26 novembre 2010).

TESTE COMI M. - Sì, gli avevo chiesto, nel parlare così, anche con mio fratello, abbiamo chiesto: «Ma tu dov'eri?», ma anni dopo comunque.

PM - Lei, signora, ricorda quella sera lì del 26 novembre? Ha un ricordo preciso di suo marito a che ora è tornata a casa?

TESTE COMI M. - Preciso ho già detto che non me lo ricordo, non mi ricordo cinque anni fa cosa è successo. Sono sicura comunque che... eravamo abitudinari, quindi alla sera era sempre a casa, cenavamo...

PM - Lei è sicura che voi siete abitudinari?

TESTE COMI M. - Sì, assolutamente. Cenavamo sempre insieme e aspettavamo lui proprio per cenare. Non abbiamo mai cenato senza di lui.

PM - Voi a che ora cenate di solito?

TESTE COMI M. - Alle sette e mezza, più o meno.

PM - Lei però quel giorno lì si ricorda, o non si ricorda a che ora è tornato a casa sua marito?

TESTE COMI M. - No, l'orario preciso non me lo ricordo.

PM - Non se lo ricorda, però Lei dice è tornato per forza?

TESTE COMI M. - Per forza, come tutte le altre volte.

PM - Perché è abitudinario?

TESTE COMI M. - Sì.

PM - Le è capitato di chiederlo a suo marito, «tu che cosa hai fatto quella sera lì?».

Teste Comi M. - No, quella sera lì no, quel giorno forse.

PM - No, non quella sera lì. Nel prosieguo dico, successivamente, le è capitato di parlare con suo marito e di chiederglielo?

Teste Comi M. - Sì, è capitato nel parlare, e non lo so, forse non si ricordava. Ma comunque non ci ho fatto caso, perché poi non ho insistito. Comunque non c'era niente di strano.

PM - Quindi le è capitato di parlarne prima che fosse fermato, arrestato?

Teste Comi M. - Sì, sì...

PM - Lei sa se suo marito andava a trovare suo fratello?

Teste Comi M. - Andava a fargli dei lavori. È andato spesso a fargli dei lavori in casa.

PM - Che tipo di lavori faceva suo marito a suo fratello?

Teste Comi M. - Di muratura.

PM - Lei riesce a collocare più precisamente quando suo marito è andato a fare dei lavori a suo fratello?

Teste Comi M. - Negli anni, è andato spesso...

PM - Signora, suo marito che mezzi utilizza per spostarsi?

Teste Comi M. - Il suo furgone.

PM - Il suo Iveco. E la Volvo, invece, chi la usa?

Teste Comi M. - La usavo io, sempre io.

PM - La usa di più Lei. I computer, invece, della vostra abitazione chi li usa?

Teste Comi M. - Lo usavo quasi sempre io.

PM - Quasi sempre Lei.

Teste Comi M. - L'ho comprato, l'ho voluto io.

PM - Quali dei due?

Teste Comi M. - Tutti e due, perché...

A quel punto il PM le ha chiesto se le ricerca «ragazzine con le vagine rasate» l'avesse fatta lei. E l'avvocato difensore ha presentato opposizione perché – stando alle loro risultanze – quella ricerca non è stata appurata come compiuta da una persona.

Presidente - Ricerche di questo genere le ha fatte Lei?

Teste Comi M. - Allora, con la parola «tredicenni» no,

PM - Non lo ha mai avuto. Sa se suo marito ha mai avuto malattie, tipo tumori al cervello?

TESTE COMI M. - No.

PM - È a conoscenza del fatto se abbiano mai sparato a suo marito?

TESTE COMI M. - No.

PM - Sa se suo marito aveva un deposito di 586.000 euro in Germania?

TESTE COMI M. - Sì, magari!

PM - Quindi vuol dire...?

TESTE COMI M. - No.

PM - Sul suo computer che ha a casa, ha cercato Lei la Questura di Bergamo il 26 luglio 2012? Il sito della Questura di Bergamo.

TESTE COMI M. - Non mi ricordo.

PM - Ricorda se ha accompagnato Lei, o chi, la signora Arzuffi in Questura?

TESTE COMI M. – L'ho accompagnata io.

PM -Lo ha chiesto lei, la signora Arzuffi, di accompagnarla?

TESTE COMI M. - Forse lei, me lo avrà chiesto lei sicuramente.

PM - La signora stessa?

TESTE COMI M. - Certo.

PM - O suo marito Bossetti?

TESTE COMI M. - Ma comunque tutti insieme, ci parlavamo comunque.

PM - E come mai è andata Lei ad accompagnare la signora Arzuffi, e non suo marito?

TESTE COMI M. - Ero l'unica che ero libera con la macchina, tutti gli altri lavorano.

PM - Lei ricorda in che giorni è andata?

TESTE COMI M. - Luglio non ricordo quando mattina

PM - Lei è mai stata al campo di Chignolo d'Isola con Bossetti Massimo?

TESTE COMI M. - Sì, ci siamo stati.

PM - Quando?

TESTE COMI M. - Il periodo non lo ricordo, molti mesi dopo comunque.

PM - Molti mesi dopo cosa...

TESTE COMI M. - Il ritrovamento del cadavere di Yara.

PM - Perché siete andati?

TESTE COMI M. - Per curiosità, passavamo di lì, dovevamo andare al Globo.

PM - Dovevate andare...?

TESTE COMI M. - Al Globo (è un centro commerciale a Busnago).

PM - Passavate di lì e avete voluto fare una deviazione?

TESTE COMI M. - Gli ho chiesto io «andiamo a vedere». Sapevo più o meno la zona, ma non l'avevo mai vista.

PM - L'ha chiesto Lei a suo marito?

TESTE COMI M. - Sì. Tant'è vero che abbiamo sbagliato anche strada mentre siamo andati.

PM – Lei, dopo aver avuto i suoi tre figli, ha avuto un'altra gravidanza?

TESTE COMI M. - Dopo la terza no. Dopo il primo, sì, ha avuto un'altra gravidanza.

PM - Lei sa, o sapeva, che suo marito di abitudine andava a fare dei trattamenti estetici, andava a fare le lampade?

TESTE COMI M. - Sapevo che alcune volte andava.

PM - «Alcune volte» quanto?

TESTE COMI M. - Alcune volte, non so quante.

Dopo l'esame del PM si è passati a quello degli avvocati di parte civile. E qui l'udienza diciamo che ha avuto un picco di attenzione. In particolare con le domande incalzanti dell'avvocato Andrea Pezzotta che assiste la famiglia Gambirasio, il quale va dritto al punto cruciale: Marita non ha mai fornito un alibi al marito di fatto. Se lo abbia fatto consapevolmente o no poco importa, ma come vedremo nell'esame della sentenza il punto è stato ritenuto fondamentale nelle conclusioni.

AVV. PEZZOTTA - Lei oggi non lo ricorda. Perché quando Lei andava a trovare in carcere suo marito, sa che è stata intercettata.

TESTE COMI M. - Certo.

AVV. PEZZOTTA - E hanno registrato tutti i vostri colloqui. In un colloquio del 4 dicembre 2014, a un certo punto Lei tocca proprio il giorno 26 novembre – siamo a pagina 252 delle trascrizioni – e dice a suo marito: «Mi ricordo che eravamo arrabbiati». Quindi in quel momento ha un ricordo preciso, ma siamo nel dicembre 2014.

TESTE COMI M. - No, perché comunque dicevano che non c'erano telefonate, o che, e allora presumo che eravamo arrabbiati.

AVV. PEZZOTTA - No, qui dice proprio «mi ricordo».

TESTE COMI M. - Presumevo che eravamo arrabbiati.

AVV. PEZZOTTA - Presumeva. Dice «mi ricordo» perché era una presunzione. Ascolti, poi le ha chiesto anche il Pubblico Ministero se avete parlato spesso di questa vicenda, e cioè della vicenda di cui stiamo discutendo in quest'aula. Lei ne ha parlato con suo marito prima ancora che venisse arrestato, di questa vicenda?

AVV. PEZZOTTA - Ascolti la domanda mia. Le è capitato, prima che suo marito venisse arrestato, di chiedergli dove fosse stato la sera del 26 novembre 2010?

TESTE COMI M. - Sì, l'ho detto prima. Sì, una volta gliel'ho chiesto. E mi ha detto...

AVV. PEZZOTTA - Una volta glielo ha chiesto?

TESTE COMI M. - Sì. Mi ha detto che forse non si ricor... Parlando con mio fratello, perché mio fratello diceva che lui aveva l'agenda, quindi sapeva benissimo dov'era e a che ora.

AVV. PEZZOTTA - Quindi suo fratello si ricordava bene perché aveva l'agenda.

TESTE COMI M. - Perché aveva l'agenda. E lui diceva: «Io non ho più i calendari vecchi», e quindi non si ricordava più.

AVV. PEZZOTTA - Quindi Lei ricorda di un'occasione. E dove è avvenuta questa conversazione? Se lo ricorda?

TESTE COMI M. - A casa di mio fratello.

AVV. PEZZOTTA - A casa di suo fratello, a casa dell'Agostino. Deve essere quella cena a cui fate riferimento nell'intercettazione del 20 novembre.

TESTE COMI M. - Non mi ricordo.

AVV. PEZZOTTA - Dove effettivamente Lei dice: «Ti ricordi che ti ho chiesto poco tempo. Ti ricordi che ti ho chiesto poco tempo fa a casa dell'Agostino cosa hai fatto quella sera. Mi ricordo quest'anno e non era... che parlavamo ancora di quella sera lì». Quindi è questa la cena a casa dell'Agostino?

TESTE COMI M. - Ma poi è già comunque tre o quattro anni...

AVV. PEZZOTTA - Tre o quattro anni dopo, certo.

TESTE COMI M. - Tre anni fa minimo.

AVV. PEZZOTTA - Questa intercettazione dove Lei parla di questa cena è del 20 novembre. Lei però torna sullo stesso argomento il 4 dicembre 2014, cioè una settimana dopo, quando torna a trovare suo marito in carcere. Parlate sempre di questa vicenda, parlate.

TESTE COMI M - Ne parlavamo.

AVV. PEZZOTTA - Ascolti un momento, perché le devo dire quello che Lei dice. Non quello che dico io, ma quello che dice Lei, che viene registrato in carcere.

AVV. PEZZOTTA - Qui parla non solo di un'occasione in cui avrebbe chiesto a suo marito dove fosse stato nella sera del 26 novembre, ma parla di più volte in cui è avvenuta questa cosa, cioè che anche in precedenza, rispetto a questa cena, gli aveva chiesto dove fosse stato la sera del 26. Ricorda altre occasioni in cui chiese questa circostanza specifica a suo marito?

TESTE COMI M. - No, io mi ricordo quella cena.

AVV. PEZZOTTA - Lei ricorda solo questa cena?

TESTE COMI M. - Sì.

AVV. PEZZOTTA - Le leggo cinque righe di una sua dichiarazione a suo marito all'esito di questo discorso. Pagina 252. Gliele leggo perché sono significative e devo farle qualche domanda su questa dichiarazione. Lei dice a suo marito: «Ne abbiamo parlato anche negli scorsi, ci ho pensato Massi, eri via quella sera». Parlate del 26 novembre, non di una sera qualsiasi. «Eri via quella sera, non mi ricordo a che ora sei venuto, e non mi ricordo neanche cosa hai fatto. Perché all'inizio mi ricordo che eravamo arrabbiati, e quindi non te l'ho chiesto. È uscita dopo la storia, così, della scomparsa, e non mi hai mai detto cosa hai fatto». Non l'ha mai detto. Ora, se le parole hanno un significato, qui risulta che poco dopo la scomparsa Lei chiede a suo marito dove fosse quella sera, e lì non entrano in gioco i ricordi, perché dopo quattro anni sono d'accordo con Lei che non ci si possa ricordare.

TESTE COMI M. - Assolutamente.

AVV. PEZZOTTA - Ma da questa cosa che dice Lei risulta che poco dopo la scomparsa... Prima non... Allora, che quella sera innanzitutto non si ricorda se è tornato o se non è tornato.

TESTE COMI M. - No, no, se c'è tutta l'intercettazione ci sarà anche quello che dico «ma di sicuro sei tornato a mangiare».

AVV. PEZZOTTA - Sì, sì, c'è anche prima, e Lei dice che non riesce a ricordarsi se è arrivato, se è arrivato tardi, se non è arrivato. Continua ripetutamente... Se vuole le leggo tutti i passaggi, perché sono dichiarazioni sue, dove continua a dire: «Non mi ricordo se sei arrivato, a che ora sei arrivato, se sei arrivato tardi». E quindi c'è già un qualcosa di strano. Ma la cosa...

TESTE COMI M. - Ma «tardi» inteso comunque a cena che c'era.

AVV. PEZZOTTA - A cena c'era.

AVV. PEZZOTTA - Mi perdoni, ma qui dice una cosa diversa, perché dice: «Non mi ricordo che cosa hai fatto, a che ora sei tornato, all'inizio mi ricordo che eravamo arrabbiati, quindi non te l'ho chiesto». Quindi evidentemente non gli chiede dove è stato quella sera e quant'altro perché siete arrabbiati. Poi dice: «È uscita dopo quella storia della scomparsa» e credo che siamo d'accordo tutti che parliamo della scomparsa di Yara Gambirasio, Lei chiede a suo marito: «Ma dove sei stato quella sera?», «E non mi hai mai detto cosa hai fatto». Allora le domande, mi perdoni, sono solo due. Se suo marito era arrivato a cena e aveva mangiato con Lei tranquillamente quella sera, uno, che motivo aveva di chiedergli dove fosse stato quella sera? Prima domanda.

TESTE COMI M. - Quella sera, inteso pomeriggio.

AVV. PEZZOTTA - Aspetti che arrivi anche la seconda, poi mi risponde. La seconda domanda è: nel momento in cui suo marito non le ha detto dove era stato quella sera, quando Lei lo chiede a distanza di uno o due giorni dalla scomparsa, quindi glielo avrà chiesto il 27 o il 28 novembre 2010?

TESTE COMI M. - No.

AVV. PEZZOTTA - ...suo marito non le ha risposto dove era

stato, perché Lei non ha insistito a chiederlo? Le domande sono due.

TESTE COMI M. - Allora, sicuramente per me già le sette e mezza è già tardi. Sette, sette e mezza è già tardi, perché noi ceniamo...

AVV. PEZZOTTA - Signora, abbia pazienza...

TESTE COMI M. - Quindi la sera tardi intendo già subito le sette e mezza. Poi non gliel'ho chiesto perché non c'era niente comunque di strano.

AVV. PEZZOTTA - Quindi quello che Lei dice qua... Mi perdoni, glielo ha ricordato il Presidente che scegliendo di testimoniare non deve essere reticente e deve anche dire la verità.

TESTE COMI M. - Certo, ma io dico, io andando in carcere...

AVV. PEZZOTTA - Vorrei capire se, e qua le parole, mi perdoni, non sono molto equivocabili, è che Lei parlando con suo marito dice che non si ricorda. Quindi è strano che oggi si ricorda che è arrivato per cena, quando quel giorno in carcere non si ricordasse...

TESTE COMI M. - No, io l'ho sempre detto fin dall'inizio che per cena... se non è arrivato alle sette e mezza, sarà arrivato alle otto, ma per cena abbiamo mangiato sicuramente insieme.

AVV. PEZZOTTA - Sarà arrivato alle otto. Allora per quale ragione, poi, una volta saputo della scomparsa della bambina, Lei chiedeva a suo marito dove fosse stato quella sera, se era seduto con Lei a mangiare alle otto? Per quale ragione glielo chiedeva?

TESTE COMI M. - Perché gli chiedevo dov'era stato comunque anche tutto il pomeriggio.

AVV. PEZZOTTA - Ah, le interessava il pomeriggio?

TESTE COMI M. - Beh, certo.

AVV. PEZZOTTA - E suo marito le ha risposto dicendole dove era stato nel pomeriggio?

TESTE COMI M. - No.

AVV. PEZZOTTA - E Lei basta, poi non glielo ha più chiesto?

TESTE COMI M. - No, non ho neanche insistito, perché comunque non c'era nulla di strano per me.

AVV. PEZZOTTA - Allora la sua posizione è che non ricorda bene quando è arrivato, però per cena, secondo Lei, era a tavola?

TESTE COMI M. - Per cena, abbiamo cenato sempre insieme.

AVV. PEZZOTTA - Qua tra l'altro si dice che eravate arrabbiati, e che quindi non...

TESTE COMI M. - Sì, ma che eravamo arrabbiati non vuol dire che non cenavamo insieme, che non parlavamo, perché comunque c'erano tre bambini di mezzo, e comunque parlavamo a cena.

AVV. PEZZOTTA - Certo, signora, ma il fatto che siate arrabbiati – lo dice Lei, non lo dico io – è la ragione per la quale non gli chiede subito dove è stato quella sera.

TESTE COMI M. - Perché non c'era nulla di strano anche se è arrivato alle sette e mezza, anche se arrivava alle otto.

AVV. PEZZOTTA - Non c'era nulla di strano. Quindi dopo due giorni, quando si scopre che è scomparsa una ragazza...

TESTE COMI M. - No, ma chi lo dice che gliel'ho chiesto due giorni dopo? Chi lo dice che l'ho chiesto due giorni dopo?

AVV. PEZZOTTA - Lo dice Lei.

TESTE COMI M. - Assolutamente.

AVV. PEZZOTTA - «È uscita dopo la storia...»

TESTE COMI M. - Assolutamente.

AVV. PEZZOTTA - Glielo leggo ancora una volta...

PRESIDENTE - Avvocato, sì, legga per cortesia tutti i passaggi di questa conversazione.

AVV. PEZZOTTA - Sì, sì. La conversazione inizia quel giorno... E ometto quella della settimana prima, perché è più o meno sulla stessa linea.

TESTE COMI M. - Poi per me... Posso dire una cosa?

PRESIDENTE - Un attimo.

AVV. PEZZOTTA - A un certo punto voi parlate del processo, come è normale che sia, dei ricordi, non dei ricordi, e Lei... Cioè c'è suo marito a un certo punto che le dice di essersi ricordato che quel giorno gli si era spento il telefono, che aveva incontrato una certa persona, aveva tentato di telefonargli, e il telefono era spento, e per quella ragione si ricordava questa cosa. E Lei gli contesta queste dichiarazioni dicendo: «Come fai a ricordarti che hai il telefono spento, e non ti ricordi dov'eri quel pomeriggio?». Perché Lei lo incalza e gli chiede dove fosse stato quel pomeriggio e quella sera, in questa conversazione.

TESTE COMI M. - Appunto.

AVV. PEZZOTTA - Gli dice: «Scusa» sono vari passaggi «ti ricordi che ti si è spento il telefono, ti ricordi che incontri uno e lo saluti con il clacson, e non ti ricordi tutto il resto» e glielo contesta a suo marito, un po' come glielo sto contestando a Lei adesso.

TESTE COMI M. - Posso rispondere?

AVV. PEZZOTTA - Poi va avanti: «Ti ricordi questi piccoli particolari e non ti ricordi il giorno?». Suo marito risponde: «Ma come faccio a ricordarmi?». «Eh, ti ricordi questi piccoli particolari, è impossibile, Massi.» E poi andate avanti a parlare dei vari elementi del processo e passaggi, che adesso ometto, se no impiego un'ora a leggerli. Però, a un certo punto, dice: «Mi ricordo che questo dopo anche quest'anno è successo, cosa hai fatto tu quella sera?». Chiede a suo marito, quindi comincia a parlare della sera, e non del pomeriggio evidentemente, perché il suo dubbio era sulla sera.

TESTE COMI M. - Per me sera è inteso sera anche alle sette di sera.

AVV. PEZZOTTA - «Eh, io... sabato c'è una piscina vicina.» «No», dice, «è successo anche quest'anno. Che Agostino si ricorda dov'era e cosa ha fatto» e l'abbiamo sentito prima. «Lui si ricorda dov'era», dice a suo marito, «lui sì quando era a lavorare». E inoltre: «No, io ti ho chiesto a te, e tu cosa hai fatto? Risposta: non lo so». «Come non lo so?» «Non lo so, non mi hai mai detto che cosa hai fatto quella sera, quel giorno o quella sera.» Lei dice a suo marito. «Non mi ricordo a che ora sei venuto a casa, non mi ricordo. Se tu avessi chiamato è possibile che lui ti ha chiesto...» «Non lo so.» «È successo quest'anno», parlate di quella cena ancora dell'Agostino, dove era venuto fuori questo benedetto discorso. E andate avanti a parlarne per un po'. Dopo dice ancora Lei: «Non ho mai saputo cosa hai fatto quella sera». Suo marito cerca di dire: «No, non è vero». «Dai, Massi, è successo quest'anno». Massimo: «Non è possibile che ti ho detto non lo so». Dice: «È possibile che tu mi abbia chiesto dov'ero quella sera e io t'abbia detto non lo so? Non ci credo». «No, ne abbiamo parlato anche negli anni scorsi, Massimo. Ci ho pensato, Massimo, eh?!» E poi questa frase, per me importante, che le rileggo ancora una volta: «Eri via quella sera, non mi ricordo a che ora sei venuto, non mi ricordo neanche cosa hai fatto, perché all'inizio mi ricordo che eravamo arrabbiati, quindi non te l'ho chiesto». Nell'immediatezza non ti chiedo dove sei stato al pomeriggio e alla sera, eravamo anche arrabbiati...

PRESIDENTE - Diciamo che...

AVV. CAMPORINI - Presidente...

AVV. PEZZOTTA - Arrivo fino in fondo, mi perdoni. «È uscita dopo la storia così della scomparsa e non mi hai mai detto cosa hai fatto, non l'hai mai detto, non me l'hai mai detto, né all'Agostino, né oggi, neanche quest'anno, non l'hai mai detto.» Fine dell'intercettazione. La domanda è: perché queste insistenti domande su quella sera, perché partivano già da allora, e che quindi fanno pensare a cose diverse?

PRESIDENTE - Non diciamo a cosa fanno pensare. Perché queste insistenti domande fin da subito insomma?

TESTE COMI M. - Posso rispondere?

PRESIDENTE - Certo.

TESTE COMI M. - Io premetto che ogni volta che sono andata in carcere da mio marito, i primi tempi comunque, i primi mesi, sapevo che c'erano le cimici, le intercettazioni, quindi non mi sono mai tirata indietro nel parlargli. Io ho sempre detto tutto. Arrivavo comunque travolta da tutte le notizie, comunque da quella della Procura che tutti dicevano: «No, siamo sicuri, siamo...». Quindi io ogni volta andavo da lui e – tra virgolette – lo pressavo comunque su queste cose.

PRESIDENTE - Signora, guardi, il suo stato d'animo è comprensibile...

TESTE COMI M. - Gli ho sempre detto tu... Gli ho sempre chiesto, l'ho anche pressato, anche volendo proprio, per farmi dire qualcosa. E invece non è uscito assolutamente niente. Quindi anche questo fa parte di tutto il resto.

Avv. Pezzotta - Mi perdoni, è l'ultima volta, poi... Io capisco che se uno chiede nel novembre 2014 o 2015 cosa uno ha fatto il 26 novembre 2010 sia nella normalità assoluta.

Teste Comi M. - Ho insistito apposta.

Avv. Pezzotta - No, ma vede signora, da questa conversazione emerge che Lei a suo marito glielo chiede subito, quando apprendete la notizia della scomparsa. È questa la circostanza, mi perdoni, straordinaria.

Teste Comi M. - Non me lo ricordo. Le sto dicendo che gli ho detto... di tutto e di più gli ho detto.

Avv. Pezzotta - E allora i ricordi a distanza di due giorni devono essere freschi di cosa uno ha fatto la sera prima.

Teste Comi M. - No, allora non ha capito. Gli ho detto di più e di più apposta per farlo parlare. Okay? Io mi ricordo di quella cena e basta, non mi ricordo che gliel'ho chiesto due giorni dopo, assolutamente.

Avv. Pezzotta - Non se lo ricorda, quindi quando qui glielo ha detto...

Teste Comi M. - No, assolutamente.

Avv. Camporini - Non lo ha neanche mai detto due gior...

Avv. Pezzotta - Grazie, non ho altre domande.

Teste Comi M. - Non me lo ricordo neanche.

Avv. Camporini - Però non risulta da nessuna parte che abbia detto due giorni dopo. Abbiamo riletto le...

Avv. Pezzotta - Dopo la scomparsa.

Avv. Camporini - Dopo la scomparsa può essere sei mesi o un anno dopo.

Presidente - Questo sarà oggetto poi di discussione. Prego, Avvocato.

Avv. Camporini - No, perché altrimenti condiziona una domanda che invece parte da un presupposto sbagliato.

Presidente - Diciamo che da quella intercettazione sembrerebbe che la signora, magari non dopo due giorni, magari non dopo tre, ma che in epoca abbastanza vicina alla scomparsa di Yara, quindi assolutamente molto prima dell'inizio delle indagini a carico dell'imputato, gli avesse chiesto cosa aveva fatto.

A quello di Pezzotta, molto pregnante, è seguito il controesame dell'avvocato Pelillo che si è concentrato sulle ricerche dei siti pornografici al computer da parte di Marita Comi. La quale ha continuato a confermare di aver fatto lei quelle ricerche ma non quelle con la parola tredicenne...

L'avvocato difensore di Bossetti ha cercato di ripercorrere il loro rapporto e la loro famiglia.

AVV. SALVAGNI - Ci ricorda quando vi siete conosciuti? Quanto tempo fa e come vi siete conosciuti con Massimo?

TESTE COMI M. - Nel '92 a... Prima nel '91 a prendere il sole, e poi ci siamo messi insieme nel gennaio '92.

AVV. SALVAGNI - Era una passione comune quella, diciamo così, di prendere il sole?

TESTE COMI M. - Ci siamo conosciuti in riva al Brembo, a Brembate di Sopra (*l'imputato è visibilmente commosso*).

AVV. SALVAGNI - Perché poi in questo processo la questione dei centri estetici è diventato un punto di discussione. Lei sapeva che Massimo si recava presso alcuni centri estetici per fare delle lampade?

TESTE COMI M. - Alcune volte sì. Anzi glielo suggerivo anch'io per il mal di schiena, che allevia un po'. Il calore allevia un po' il dolore. E poi ci andavo anch'io spesso. È la nostra passione prendere il sole. Le nostre vacanze erano fisse in una località per restare tutto il giorno in spiaggia.

AVV. SALVAGNI - L'utilizzo del telefono. Massimo era un utilizzatore, come dire, incallito del telefono? Aveva un rapporto con il telefonino... lo usava tantissimo o poco?

TESTE COMI M. - No, poco, solo per il lavoro.

AVV. SALVAGNI - Lei conosceva, aveva accesso al suo telefono, poteva vederlo?

TESTE COMI M. - Sì, non c'era password né niente.

AVV. SALVAGNI - I rapporti telefonici tra di voi com'erano?

TESTE COMI M. - Non ci sentivamo spesso, già anche quando comunque non avevamo nessuna discussione. Non eravamo sempre al telefono. Quindi non...

AVV. SALVAGNI - Non eravate soliti sentirvi tante volte nella giornata?

TESTE COMI M. - No, al massimo una volta.

AVV. SALVAGNI - Quando Massimo non poteva lavorare per qualsiasi motivo, non so per esempio per il mal tempo, che cosa faceva?

Teste Comi M. - Tante volte, anche se pioveva, partiva la mattina, alle sette partiva, e alle sette e mezza/otto era già a casa. Infatti discutevamo anche per questo, perché dico: «Che vai a fare che piove?». Invece lui voleva comunque andare, presentarsi sul cantiere per poi tornare indietro.

Avv. Salvagni - Per verificare se avrebbe dovuto svolgere qualche attività?

Teste Comi M. - Sì.

Avv. Salvagni - Poi tornava indietro?

Teste Comi M. - Tornava indietro perché alla fine pioveva. Appena pioveva non lavorava.

Avv. Salvagni - Massimo era abituato ad avere una vita... cioè aveva una vita, come dire, sociale, con degli amici che frequentava, piuttosto che il bar...?

Teste Comi M. - No, Massimo non usciva mai.

Avv. Salvagni - O la pizza con gli amici. Queste cose?

Teste Comi M. - No, né io né lui.

Avv. Salvagni - In un anno quante volte sarà uscito da solo?

Teste Comi M. - Neanche una. Sarà uscito una volta in sedici anni, con il titolare vecchio che aveva.

L'avvocato Camporini ha insistito sulla conversazione di «chiarimento» avuta dalla Comi in carcere col marito. La conclusione è stata che «era una sera come le altre e se avessi davvero avuto dubbi avrei insistito e se avessi pensato che lui avrebbe potuto fare qualcosa a Yara lo avrei lasciato..».

Gli ha poi chiesto se il Bossetti avesse problemi fisici e lei ha confermato un intervento all'ernia al disco del 2009 che gli impediva di correre o fare movimenti veloci.

Avv. Camporini - Quando litigavate, come tutte le coppie, in tanti anni, è mai capitato che a seguito di questi litigi o Lei o suo marito dormisse fuori casa?

Teste Comi M. - No, assolutamente.

Avv. Camporini - E dormisse fuori dal letto, in un altro posto della casa?

Teste Comi M. - Neanche, veniva lo stesso a letto.

Avv. Camporini - Suo marito soffriva di epistassi?

Teste Comi M. - Spesso.

Avv. Camporini - O soffre di epistassi?

TESTE COMI M. - Soffre ancora, anche adesso. Ne ha sempre sofferto, fin da giovane, fin quando lo conosco io ne ha sempre sofferto.

AVV. CAMPORINI - Cioè anche Lei ha assistito a episodi?

TESTE COMI M. - Molti.

AVV. CAMPORINI - Tra l'altro la figlia è uguale, una figlia è uguale a lui.

AVV. PEZZOTTA - Signora, ha fatto riferimento prima alle perquisizioni dei Carabinieri, Lei è restata fuori casa qualche giorno, poi è rientrata e ha trovato le bolle, la documentazione fiscale che poi ha riordinato. Quando è rientrata in casa ha trovato anche altre cose non sequestrate dai Carabinieri? Mi riferisco in particolare a dei coltelli.

TESTE COMI M. - No, quelli li ho trovati quando me l'hanno dissequestrata.

AVV. PEZZOTTA - Mi riferisco a coltelli che non sono stati dissequestrati, ma che non sono stati sequestrati dai Carabinieri in occasione delle perquisizioni, e che avrebbe trovato Lei una volta rientrata in casa. Le chiedo se ne ha trovati, o no, di coltelli in casa una volta rientrata?

TESTE COMI M. - Erano sempre quei due che ho trovato quando me l'hanno dissequestrata. Erano sempre in una scatolina dentro l'armadio del lavoro.

AVV. CAMPORINI - Intende la casa dissequestrata, non i coltelli.

AVV. PEZZOTTA - Non sto parlando... Ecco.

TESTE COMI M. - La casa.

AVV. PEZZOTTA - Quando è stata dissequestrata la casa, è rientrata e ha trovato due coltelli?

TESTE COMI M. - Sì.

AVV. PEZZOTTA - Che i Carabinieri non avevano sequestrato, giusto?

TESTE COMI M. - Sì.

AVV. PEZZOTTA - Cosa ne ha fatto di quei coltelli, signora?

TESTE COMI M. - Sono andata in carcere a chiedere a mio marito. Ma, allora, tutto parte comunque...

AVV. PEZZOTTA - No, mi interessa solo sapere cosa ha fatto. Mi perdoni, senza...

PRESIDENTE - E no, perché c'è tutta la storia dietro.

Avv. Pezzotta - Dopo magari ce la racconta.

Presidente - Signora, facciamo così, prima ci dice che cosa ne ha fatto, e poi ci spiega.

Teste Comi M. - Li ho buttati.

Presidente - Li ha buttati. Ecco, ci spieghi adesso se...

Teste Comi M. - Sotto anche consiglio dell'Avvocato che avevamo.

Presidente - Se vuole ci spieghi perché.

Avv. Salvagni - Specifichiamo chi però.

Avv. Camporini - Diciamo il nome dell'Avvocato.

Presidente - No.

Avv. Pezzotta - Non mi interessa, voglio solo sapere questa cosa.

Presidente - Basta. Signora, se ritiene di aggiungere, posto che nessuno glielo ha chiesto, ma se ritiene di spiegare perché li ha buttati?

Teste Comi M. - No, perché è stata fatta tutta una storia che io ero preoccupata per questi coltelli. Non ero preoccupata per quei due coltellini trovati, perché poi erano piccoli così, e visto che comunque li avevano lasciati lì in bella vista, penso che non se li siano dimenticati. Come quelli anche tutti i coltelli della cucina, per esempio. Ero preoccupata per i due coltelli che hanno trovato nell'ultima perquisizione, due giorni prima che hanno dissequestrato la casa. Sono saltati fuori due coltelli sotto i vestiti, nelle scatole. Noi avevamo scatole di plastica, e li hanno trovati lì. Cosa strana, perché, dopo che è passato il Ris e tutte le perquisizioni di prima, i vestiti erano già tutti fuori, quindi non potevano essere sotto i vestiti nella scatola. Io ero preoccupata di quelli.

Avv. Pezzotta - Ricorda di che marca fossero questi coltelli?

Presidente - Di quali coltelli stiamo parlando?

Avv. Pezzotta - Quelli di cui ha fatto riferimento, quelli rinvenuti nella scatoletta, quelli che poi ha buttato via.

Presidente - Quelli che ha buttato via di che marca erano?

Teste Comi M. - Uno era Opinel, piccolo così, e un altro piccolo così di quelli tipo svizzeri, con tutto, cavatappi e robe del genere. Ero preoccupata per gli altri due.

Presidente - Erano altri due dei quali Lei...

Teste Comi M. - È quello che sono andata a chiedere a mio marito. E quelli li ho buttati perché? Perché comunque uno era quello... m'ha riferito che era quello che aveva usato un suo dipendente per tagliare del fumo. Mi fa: «Buttali, perché tanto comunque li hanno lasciati lì, li tieni lì a fare?». Era tutto lì, non era niente di preoccupante.

Presidente - Signora, visto che mi pare che non ci siano altre domande, Lei ci ha detto, sempre a proposito dell'uso del computer e delle ricerche... Non le farò domande come quelle di prima.

Teste Comi M. - Beh, ormai ho detto tutto.

Presidente - Volevo semplicemente chiederle come mai, in diverse conversazioni, determinate ricerche non ci si spiega chi possa averle fatte, e addirittura... Non è una contestazione, perché la telefonata non riguarda Lei, riguarda Fabio, Massimo e Laura, in cui ci si chiede addirittura se possa essere stato Nicolas. Le leggo la conversazione. Fabio chiede a Massimo con riferimento al computer: «Sei sicuro che non hai fatto niente?», «Io non sono mai andato...» «Magari è Niki, no? Nicolas.» E Laura dice: «Uhm!». E Massimo dice: «Io al cento per cento, davanti al Pubblico Ministero che mi ha fatto questa domanda...». Fabio insiste: «Ma scusami, Nicolas ha accesso al suo computer?». «Certo, non c'è password», eccetera. E Massimo dice: «È quello di cui abbiamo parlato io e l'Avvocato di prima». «Ma la Marita ha provato a chiedere al Niki?» «Eh, non lo so», risponde Massimo. E Massimo dice che l'Avvocato... la signora che c'era in precedenza ha detto che dovrebbe andare come mamma dolce e andargli incontro, vedere se lui ha provato, ha tentato eccetera. Quindi a fare degli accessi delle ricerche di questo genere. Tant'è vero che nell'ultima parte della conversazione – di cui poi darò gli estremi – Massimo dice: «Non so se mi ha detto «amore tredicenne, sesso tredicenne», eccetera. Allora, Lei dice che con «tredicenne»... non ha mai usato la ricerca con «tredicenne».

Teste Comi M. - Io no.

Presidente - Ma tredicenni e teenager... Allora, suo marito, che è parte di questa conversazione, se sapeva «tredicenne»... Cioè non mi sembra...

TESTE COMI M. - Allora, Nicolas aveva accesso al computer.

PRESIDENTE - ...l'atteggiamento di uno che facesse frequentemente ricerche a contenuto pornografico. Lasciamo perdere pedo o no. Ma non sembra certamente l'atteggiamento di uno che facesse frequenti ricerche di quel genere sul computer.

TESTE COMI M. - Lui aveva accesso al computer, giocava, faceva ricerche per la scuola.

PRESIDENTE - Sì, sì, ma io non chiedo assolutamente... Non è questo, sono sicurissima che come tutti i bambini avesse accesso al computer. Però...

TESTE COMI M. - Può darsi.

PRESIDENTE - Cioè suo marito sembra proprio che caschi dalle nuvole per quello che riguarda se stesso con riferimento a questo tipo di ricerche.

TESTE COMI M. - Sì, lui ha sempre detto che non le ha mai fatte.

PRESIDENTE - Neanche con Lei?

TESTE COMI M. - No, su «tredicenne» no.

PRESIDENTE - Sì, però mentre il «tredicenne» viene fuori alla fine... Fabio non parla di tredicenni, dice: «Ma, ascoltami, potrei farti una domanda un po' personale? Il discorso computer che è saltato fuori da qui, c'è un fondamento?». E Massimo dice: «Assolutamente no». Non dice proprio così, ma insomma... «Tu sei sicuro che non hai fatto niente.» «Io al cento per cento, non sono mai andato...» E infatti Fabio dice: «Mi sembrava strano». Fabio: «Magari è Niki, no?, Nicolas». Allora, non si parla di tredicenni, si parla di ricerche un po' sospette sul computer. Tant'è vero che il discorso delle tredicenni nello specifico lo tira fuori Massimo alla fine della conversazione. Ecco, non sembra che dice: ma sì, certo, guarda io ero assolutamente...

TESTE COMI M. - Ma forse era reticente comunque magari nel dirlo a suo fratello.

PRESIDENTE - Nei confronti di Fabio.

TESTE COMI M. - Però l'ha sempre detto dall'inizio che li guardavamo insieme.

PRESIDENTE - Va bene, la conversazione di riferimento... Ma è una delle diverse.

Avv. Camporini - Ce la ricordiamo.
Presidente - È del 30 agosto 2014.
Avv. Salvagni - Sì, ce la ricordiamo.
Presidente - Se non ci sono altre...
Avv. Salvagni - Posso solo una piccola precisazione, perché magari poi ci si dimentica.
Presidente - Prego.
Avv. Salvagni - Perché noi stiamo parlando, signora, di ricerche che sono datate, queste specifiche, del 2014. Nel 2014 Nicolas quanti anni aveva?
Presidente - Ci ha detto che è nato nel 2001, Avvocato.
Teste Comi M. - Tredici anni.
Avv. Salvagni - No, ma non questa qua specifica...
Avv. Pezzotta - Presidente, chiedo scusa se intervengo, siccome prima si contestava alla Parte Civile, c'è certezza sulla data.
Presidente - Avvocato, chiedo scusa, ci ha detto che Nicolas è nato nel 2001, due conti possiamo farli.
Avv. Salvagni - Chiedo scusa, Presidente.
Presidente - È nato nel 2001 Nicolas?
Teste Comi M. - Sì.
Avv. Salvagni - Lo ha detto, lo ha detto.
Avv. Camporini - Quindi aveva tredici anni.
Presidente - Possiamo congedare la signora?
Avv. Salvagni - Possiamo congedarla.
Esaurite le domande, la teste viene congedata.
Nicholas è solo un ragazzo quando il padre viene arrestato per il delitto di Yara ed è solo un ragazzo quando, a marzo del 2016, compare davanti alla Corte in audizione a porte chiuse per confermare che quelle ricerche pedopornografiche le ha fatte lui. Si può credergli o no, tuttavia, l'aver tirato dentro un ragazzino per difendere il padre è stata forse una scelta che si è rivelata un boomerang.

Capitolo Ottavo

La sentenza di primo grado: Massimo Bossetti è colpevole oltre ogni ragionevole dubbio

Sono le 20.42 del 1° luglio 2016 e fa caldo nell'aula della Corte d'Assise di Bergamo. È stata una giornata di attesa per tutti noi giornalisti, ma soprattutto per le parti interessate al processo a Massimo Bossetti. La Corte è stata chiusa in camera di consiglio circa otto ore e mezza. Il giudice Antonella Bertoja e i giudici popolari hanno ripercorso le udienze e rivisto il film, la storia e concluso la loro decisione.

Io sono andata a fare un giro a Città Alta con una collega. Siamo andate a piedi, è stato piacevole, anche se faceva caldo. Abbiamo cercato di non pensare a quello che sarebbe accaduto di lì a poco. Ma la verità è che eravamo in tensione anche noi. Le immagini della bambina, della povera Yara, erano e sono stampate nella nostra testa e poco ci ha convinto l'ultimo disperato appello dell'imputato prima della Camera di Consiglio.

L'appello di Bossetti:

«È da quando sono stato arrestato che ho sempre detto che quel Dna non può essere mio. Mi avete chiesto mille volte, mille volte mi è stato chiesto come possa essere finito su il mio Dna. Che cosa Vi ho risposto? Vi ho sempre risposto: "È impossibile che sia il mio, perché non solo non ho ucciso Yara – non solo non ho ucciso Yara – nemmeno non l'ho mai conosciuta." Neppure un contatto ho avuto. E per questo motivo sono assolutamente più che certo, convinto che ci sia stato, che si sia verificato un errore. Molto più che certo. Io non posso autoconvincermi di accettare di assumermi la responsabilità di un dato non certo di cui non è stata data la possibilità di me, da me e dalla Difesa sulla granitica certezza dell'esame. Come posso far finta di niente, accettando tutto questo? È impossibile, non riesco, non lo accetto. Perché devo accettare una roba del genere, se non mi viene data la possibilità di poterlo ripetere e dimostrarvi veramente che quella parziale traccia non mi appartiene? Provate a mettervi un secondo nei miei di panni. Essere giudicato con una prova, un nero su bianco, e non poterlo verificare, almeno essere presente della prova, che sia veramente la mia. Provate anche solo ad immaginarlo, questo Vi chiedo. Ho sentito parlare tante volte di anomalie e di incertezze su questo Dna. E anche qui vorrei che rifletteste un attimo che se fossi l'assassino sarei un pazzo a dirvi di ripetere l'esame. Quando mai un imputato, se veramente sostiene di essere colpevole, Vi richiede di poter fare la prova del nove, sapendo che dopo il giudizio porterebbe comunque a lui? Non credo che lo ammetterà mai di poterlo replicare, se è veramente colpevole. Ma soprattutto il perché potrebbe eliminare tutti questi dubbi e schiacciarmi di fronte alle mie responsabilità. Invece io sono estremamente sicuro che quel Dna non è il mio, estremamente sicuro. Quindi ancora oggi Vi supplico, Vi imploro di fare questa verifica, datemi la possibilità di fare questa verifica, perché vedrete che risultato Vi darebbe. Sicuramente Vi darebbe la ragione su di me. Io seguivo cronache legate alla morte di Yara, sì, lo ammetto, seguivo molto le cronache su Yara. Chi non le ha mai seguite in questi anni? E sapevo che stavano cercando l'assassino anche attraverso il Dna. Infatti i miei colleghi di lavoro sono stati chiamati a fare questo esame, e nel luglio del 2012 anche mia mamma. Io non mi sono per niente preoccupato, perché dovevo? Che motivo avevo di dover preoccuparmi? Che motivo avevo? Non c'era motivo nell'esserlo. E secondo, perché non sono l'assassino. E credo che il vero assassino, se avesse saputo che erano arrivati alla sua mamma attraverso l'esame del Dna si sarebbe preoccupato, e non poco. Io, invece, cosa ho fatto in tutti questi quattro anni? Niente ho fatto. Cosa ho fatto? Non ho cambiato la mia vita, non ho cambiato niente, non ho fatto nulla che potesse cancellare eventuali elementi contro di me. Non ho fatto nulla all'autocarro, alla macchina, ai vestiti, agli attrezzi da lavoro, agli effetti personali di casa. Visto le perlustrazioni che sono state fatte a casa mia. Addirittura conservavo il giubbotto che ho comprato quel giorno, che probabilmente avrò anche indossato. Se l'ho comprato evidentemente mi occorreva.

E vogliamo parlare delle condizioni fisiche al momento dell'arresto? Parliamone, perché no? Visto che avete in mano un video che ha suscitato un forte clamore mediatico. Come tutti ben sapete chi ha subìto un intervento di ernia discale, o chi soffre di mal di schiena, come soggetti in questi casi muratori, carpentieri, soggetti a sollevare pesi, prima di alzarsi completamente in piedi ci vuole un attimo. E voglio farvi notare un'altra cosa. Io in quel giorno ero tutto il giorno con la schiena piegata a completare il getto di una soletta. Per cui lascio a Voi pensare com'era possibile scattare in piedi come una molla. Provatelo a pensare. È impossibile. Ho subìto un'operazione di ernia discale, proprio come il mio collega, come il mio collega di lavoro signor Maggioni Massimo. Stesso intervento, un'operazione a una vertebra L5-L1, al sacro, dovuto ad un eccessivo sollevamento di pesi. Dovevo stare in convalescenza, in assoluto riposo, ma il problema... Cos'era il problema fondamentale? Garantire, e non potevo più garantire e andare avanti con la famiglia, visto che ero l'unico che lavoravo. Non potevo assolutamente fermarmi, anche se dovevo stare fermo. Ho lavorato lo stesso, per cui non guarivo mai, è evidente. Infatti, anche in carcere sono fin dall'inizio sottoposto a terapie farmacologiche, con punture di Muscoril e Voltaren, ma senza risolvere il problema. E che dire quel giorno del 26 novembre? Il 26 novembre 2010. Ho provato a far mente locale di quel maledetto giorno su cosa avessi potuto fare quel giorno, ma ovviamente dopo tanto tempo non potevo ricordarmi con precisione, era impossibile. In quei giorni non si era parlato a casa, proprio perché era rientrato sempre alla stessa ora, e comunque ho cenato con mia moglie e i miei figli. Difatti lo avete anche sentito da mia moglie, tutte le sere ero a casa con loro a cenare. Tutte le sere. Come accade sempre. Altrimenti mi sarebbe stato chiesto il motivo del ritardo. È anche vero che, come tutti i cittadini, si è parlato di quel giorno tra di noi familiari, ma io ho sempre sostenuto che per me era un giorno normalissimo, facevo sempre le solite cose. Durante la detenzione venivo costantemente informato dai miei avvocati, dai miei familiari, per le indagini in corso, e spesso commentavamo gli elementi che erano emersi, che mi facevano ancora di più pensare che non c'era nulla contro di me, proprio nulla.

Signori, come ultimo argomento vorrei spendere due sole parole sulla calunnia. Riguardo la calunnia volevo solo farvi presente le mie condizioni psicofisiche di quel momento in isolamento. Non sapevo dov'ero, di notte non dormivo, ero completamente devastato, distrutto. Le solite grida, umiliazioni, insulti, sputi, dai vari detenuti. Ero distrutto, completamente distrutto. Ho pensato pure di volerla fare finita. Sì, ho pure pensato a quello. E allora cosa ho fatto? Cosa ho fatto io? Assumevo molti psicofarmaci, non ero lucido, non potevo vedere né parlare con nessuno. Sono andato dietro a quello che mi chiedevano, cioè di dare una spiegazione, e ho voluto dare questo spunto di indagine, senza volere accusare o calunniare nessuno. Questa è la vera verità. Credetemi, questa è la vera verità di oggi. Ora quello che Vi chiedo, ma soprattutto quello che mi chiedo: su quali prove devo, o come posso accettare tutte queste inspiegabili anomalie emerse in questa sede? Ma soprattutto quello che mi sono sempre chiesto è: come fate o dovete condannare una persona assolutamente innocente – e ribadisco assolutamente innocente –, e alla luce di quali prove emerse con assoluta certezza?

Nessuna. Nessuna. Perché secondo il mio punto di vista non esiste nessuna piena certezza emersa fino ad oggi. Non esiste nessuna certezza certa su nulla. Nessuna compatibilità su niente. Nessuna compatibilità su niente, dal mio punto di vista. Pertanto, Signori, concludo restando nelle Vostre mani, di tutti Voi, e accetterò il verdetto qualunque esso sia, perché pronunciato in assoluta buonafede. Ringrazio tantissimo tutti di cuore per l'attenzione, la pazienza prestata, per avermi ascoltato, e ricordatevi che se mi condannerete questo sarà il grave errore giudiziario di questo secolo. Tanto la mia vita è rovinata, io lo sto già facendo un ergastolo, due anni di ingiusta detenzione, perché non ho commesso questo fatto, non l'ho per niente commesso, ma mi rendo conto anche che è impossibile assolvere Bossetti. È impossibile assolvere Bossetti. È molto difficile assolvere Bossetti, ma è molto più difficile sapere di avere condannato un innocente».

Il Presidente – prima di chiudere il dibattimento – aveva ascoltato con attenzione come sempre l'imputato, e insieme a lei i giudici popolari; aveva poi congedato il giudice popolare supplente Giuseppe Imineo, e si era ritirata per deliberare unitamente alla Corte. Sono le 9.50 e soltanto alle 20.40 la Corte rientra in aula e il Presidente dà lettura del dispositivo di sentenza. Dopo due minuti l'Italia intera saprà che Massimo Giuseppe Bossetti è stato condannato all'ergastolo in primo grado.

Le motivazioni della sentenza di primo grado si basano sull'assunto che il Dna nucleare trovato sugli slip e sui leggins della vittima è senza dubbio di Massimo Giuseppe Bossetti e che in nessun altro modo quella «firma» sarebbe potuta finire in quel punto «sensibile», se non perché contestuale all'aggressione e all'omicidio. Tutto il resto, soprattutto il fatto che Massimo Giuseppe Bossetti la sera del delitto fosse a Brembate di Sopra nello stesso periodo della sparizione di Yara e soprattutto non avesse un alibi, alibi che nemmeno la moglie gli aveva dato, è un corollario alla prova regina.

Ripercorriamo le motivazioni in sintesi:

Nel paragrafo 4 sul rinvenimento del cadavere da parte dell'aeromodellista Ilario Scotti si scrive: «Nonostante fosse ancora chiaro il cadavere non era visibile da una distanza superiore ad un metro... Già la descrizione del teste sarebbe sufficiente a spiegare perché il cadavere non sia stato trovato prima dai volontari della Protezione Civile che avevano a suo tempo perlustrato quello come centinaia di altri terreni e non si erano spinti all'interno del campo ma solo nei boschetti intorno, o dai frequentatori delle Sabbie Mobili, distanti 300-400 metri, da coloro che lavoravano nelle ditte intorno... perché non era visibile da una distanza superiore ad un metro...».

Sulle rimostranze dei legali che hanno paventato la possibilità che Yara non fosse morta in quel campo, ma fosse stata portata da chissà dove la Corte precisa:

«La caviglia destra è avvolta da sterpaglie...».

Parla poi delle numerose «soluzioni di continuo» (ferite da taglio) in tutto il corpo che hanno imbrattato di una sostanza rossastra gli indumenti e infine di «interessante soluzione di continuo a margini piuttosto netti della porzione postero laterale destra delle mutande. Tale soluzione di continuo, a indumento ancora indossato, appare essere perfettamente sovrapponibile alla lesione da taglio in regione glutea destra» e poi «sicuramente significativa la corrispondenza tra i tagli ai vestiti e quelli presenti sul corpo, in particolare, per mutande e gluteo, risultando il taglio sullo slip netto e in corrispondenza con uno dei taglietti della parte alta dei leggins...».

«Il decesso sarebbe avvenuto intorno alle 22 del giorno della scomparsa calcolando il rallentamento fisiologico della fase agonica intorno alla mezzanotte o alle prime ore del mattino successivo.»

Riguardo alle tesi della consulente della difesa, la dottoressa Ranalletta, per cui il cadavere era stato altrove ed era stata portata poi nel campo in un secondo tempo la Corte scrive:

«La caviglia destra di Yara è parzialmente coperta e avviluppata da fusti di rovo di Hepilobium hirsitus e Sorghum halepense che caratterizzano la flora del campo. La mano destra stringe un ciuffo di steli e foglie di Sorghum halepense e altre specie identiche a quelle repertate intorno al corpo... le spine erano conficcate negli indumenti... già le sole indagini botaniche confermano che il corpo deve essere rimasto in quel campo almeno dal tardo autunno fino almeno agli inizi di febbraio... (fu tritrovato il 26 febbraio 2011).»

La Ranalletta parlava poi nella sua relazione della corificazione ad un braccio come prova del fatto che il cadavere era stato in un luogo chiuso e secco facendo riferimento ad una forma a V e alle fibre simili a quelle di una coperta... La Corte spiega: «La forma a V è impossibile da distinguere e le fibre sono quelle azzurre e rosse compatibili con la maglietta azzurra indossata da Yara... poi gli altri colori spiegabili facilmente dagli altri indumenti indossati».

C'è poi un passo fondamentale perché di questo si parlerà ancora nel 2020. La difesa di Bossetti, dopo la sentenza della Cassazione e dopo il diniego della Corte Europea dei Diritti Umani, hanno deciso di tornare alla carica chiedendo ancora alla Corte d'Assise di Bergamo di poter esaminare i reperti del processo (gli indumenti di Yara e gli oggetti repertati sulla scena del crimine e le famose tracce residue di Dna...). La Corte gli ha risposto che avrebbero potuto farne una ricognizione, quindi una «controllata» veloce, ma purtroppo, essendo confiscati e quindi dello Stato, la domanda non va fatta a Bergamo.

Facendo un passo indietro nelle motivazioni della sentenza di primo grado si spiega: «Quanto alla richiesta di esame di tutti i reperti da parte dei propri consulenti avanzata dalla difesa ai sensi dell'art. 233 comma I del c.p.p., la richiesta è stata formulata per la prima volta all'udienza dell'11 dicembre 2015 in sede di illustrazione dell'inutilizzabilità dei dati grezzi diversi da quelli dell'udienza del 26 ottobre 2015 e in quella sede è ritenuta dalla Corte IRRILEVANTE, non attende ai temi della tempistica e delle modalità di esecuzione delle analisi genetiche sui campioni dai quali era stato estrapolato il profilo di Ignoto 1 sui quali la difesa si era riservata il controesame dei consulenti del PM. Essa è stata riproposta all'udienza del 4 marzo 2016 e il 15 aprile la Corte l'ha ritenuta intempestiva essendosi già esauriti l'esame e il controesame dei consulenti della difesa cui l'ispezione dei reperti sarebbe stata propedeutica!».

Viene poi specificato che la Corte è stata tempestiva nell'autorizzare l'esame dei dati grezzi da parte dei consulenti della difesa già all'inizio delle udienze del processo, ma chiedere di esaminare i reperti o vederli dopo che i consulenti hanno già prodotto le proprie relazioni non è accettabile a livello procedurale e temporale!

La sentenza si sofferma poi sulle analisi genetiche e – lo ripetiamo per l'ennesima volta – rimarca quanto fosse importante dare un'identità a quel profilo genetico ritrovato in prossimità del taglio corrispondente alla lesione a forma di J presente sul gluteo! E quanto invece fosse irrilevante a livello probatorio che fosse presente il Dna di Silvia Brena sulla manica del giubbotto. È poi ancora rimarcato che la richiesta di rendere inammissibile un esame fatto quando l'imputato nemmeno esisteva sia assurda, visto che comunque le parti erano state tutte avvisate e in quel momento le parti erano la Procura e la parte offesa.

La Corte spiega di nuovo come è stata fatta l'analisi del Dna nucleare che ha portato all'identificazione di Bossetti, su quanti marcatori autosomici (26, quindi 13 più del normale) e che tutti avevano restituito una traccia a volte mista tra Yara e Ignoto 1, a volte solo di Ignoto 1. La sentenza ripercorre poi tutte le diverse analisi, quelle di Previderè, di Piccinini e Giuffrida, della dottoressa Asili e del Ris e come tutte arrivassero allo stesso risultato.

Si sottolinea poi come il dottor Marzio Capra, consulente della difesa, avesse chiesto i dati grezzi e avesse concluso che in effetti «la ripetizione delle amplificazioni variando la diluizione del campione, in modo da far emergere tutti i profili, è una prassi di laboratorio e che dunque la differente qualità dei trattati elettroforetici da lui segnalata poteva essere il risultato di una sorta di work in progress solo che lui non avrebbe scritto che il profilo così ottenuto era di ottima qualità ma avrebbe dato rilievo alle difficoltà interpretative incontrate...».

Capra aveva poi confermato che i «problemi» secondo lui derivavano dal fatto che il profilo perfetto di Ignoto 1 non corrispondeva alle analisi per determinare la natura della traccia...

Si passa poi a spiegare che la ricerca del Dna mitocondriale nella traccia dove è stato trovato il profilo preciso di Ignoto 1, ovvero Bossetti, non è rilevante perché il mitocondriale mai serve all'identificazione di un soggetto e che se sono state fatte delle analisi lo scopo era rintracciare la linea materna di Ignoto 1, quando non si era giunti a Guerinoni. Nelle motivazioni si scrive:

«La stessa consulente della difesa prof. Gino ha ammesso l'estrema complessità della ricerca del Dna mitocondriale sulle tracce miste e, richiesta di indicare quali approfondimenti ulteriori sarebbero praticabili ai fini della ricerca del Dna mitocondriale, ha segnalato lo studio sul RNA per sua stessa ammissione in fase sperimentale ed utilizzato per la datazione delle tracce più che per l'identificazione dei profili».

«Per quanto concerne la completezza delle analisi effettuate sui tamponi cutanei o anali lo stesso dottor Capra ha dato atto in sede di controesame della completezza dei rilievi autoptici e del fatto che non sarebbero stati praticabili ulteriori accertamenti.»

Si rimarca inoltre come la consulente Gino abbia confermato la diagnosi di paternità del prof Piccinini.

Ovvio che la gran parte della motivazione si basa sulla disamina delle consulenze genetiche. Tuttavia, la Corte si sofferma sugli altri elementi probatori: la consulenza sui rilievi videofotografici fatti dalle telecamere poste intorno alla palestra che avevano ritratto un autocarro Iveco Daily simile a quello dell'imputato. Dopo la disamina la Corte ha concluso che «ciò che appare dirimente è che gli stessi consulenti del Pubblico Ministero concludano in termini di elevata compatibilità (e non già di identità) tra l'autocarro immortalato in alcuni frame delle telecamere e quello di proprietà dell'imputato. Gli elementi di corrispondenza individuati nella relazione del Ris sono elementi di serie (quelli della cabina) o rintracciabili su una pluralità di autocarri cassonati (la cassetta porta attrezzi o i ganci), mentre quelli dotati di maggiore capacità individualizzante (la forma dei rinforzi delle sponde laterali del cassone... le macchie di ruggine) o sono scarsamente apprezzabili dalle immagini o sono incomparabili alla luce del tempo trascorso tra il 26 novembre 2010 e il giorno del sequestro del mezzo. Ecco perché è stata respinta la perizia sulla sincronizzazione delle telecamere e non si è approfondito.»

Stessa cosa per le fibre che comunque erano compatibili

tra quelle sul cadavere e quelle di un furgone come quello di Bossetti ma visto il passare del tempo non si poteva avere la certezza che fossero le stesse.

Ma un elemento di sicuro conforto all'esito delle indagini genetiche si ricava dall'analisi dei tabulati telefonici che collocano Massimo Bossetti nei pressi della palestra dove Yara è scomparsa a quell'ora e quel giorno. La Corte – come si può apprezzare nelle motivazioni della sentenza – insiste su un punto: la mancanza dell'alibi fornito dalla moglie di Bossetti che quando il 4 dicembre 2014 va a trovarlo in carcere gli ripete: «Eri in giro?!» e l'imputato: «Come faccio a ricordarmi perché passavo di lì e quante volte? L'unica cosa di cui sono certo è che avevo il telefono scarico; al che la moglie gli chiede come faccia a ricordarsi un particolare simile e dove si trovasse. «Ci ho pensato, Massi – ripete la donna – eri via quella sera non mi ricordo a che ora sei venuto e neanche cosa hai fatto. Perché all'inizio ricordo che eravamo arrabbiati e quindi non te l'ho chiesto. È uscita dopo la storia della scomparsa e tu non mi hai mai detto cosa hai fatto.»

In sede di esame l'imputato ha sottolineato che il fatto che ricordava come il 26 novembre 2010 fosse brutto e che il terreno fosse fangoso (frase detta anche alla moglie, *N.d.R.*) lo aveva appreso dai suoi legali, ma leggendo l'intero passo del colloquio si nota come dai suoi legali aveva appreso altre informazioni, ma non quella.

Un capitolo viene poi dedicato alle dichiarazioni dei parenti di Bossetti, in particolare la moglie, proprio sul punto dirimente.

Ovvio che la motivazione della condanna si poggia sulla certezza dell'identità di quel Dna nucleare preciso che non era chissà dove ma sugli slip della vittima, in corrispondenza del taglio che combaciava perfettamente con la ferita e il taglio di slip e leggins insieme.

«Il Dna vista la collocazione ha nel caso specifico più valore di PROVA che di mero indizio – è scritto – e la collocazione della traccia prova che la sua deposizione è avvenuta nel corso dell'azione omicidiaria.»

Si prosegue poi ribadendo che «a tale granitica prova si aggiungono elementi di indiretto conforto e di natura indiziaria. I tabulati telefonici consentono di escludere che l'imputato il giorno dell'omicidio fosse altrove. Nel pomeriggio il cognato Osvaldo Mazzoleni non lo vede arrivare in cantiere e lo cerca alle 15.26, 15.27, 15.33 e 15.47 ma non risponde, quindi non sono insieme. L'ultima telefonata delle 17.45 colloca Bossetti in zona. Quanto alle sue affermazioni sui luoghi frequentati a Brembate (fratello, commercialista, meccanico, spesa, edicola), non è stato possibile confermare che fosse in quei luoghi, anzi la commercialista ha negato che fosse andato quel giorno.

C'è poi la questione delle ricerche pedopornografiche poi cancellate sul pc. Bossetti ha negato di averle fatte ma si è potuto appurare che nessun altro avrebbe potuto, anche se moglie e addirittura figlio minore lo avevano difeso in aula.

Calce, fibre e sferette, tutti elementi compatibili con Bossetti e con il suo lavoro, le fibre compatibili con quelle trovate sui vestiti di Yara e il suo furgone, pur non offrendo certezze di identità vanno ad arricchire la prova regina del Dna di elementi fortemente indiziari e concordanti ed è per questo che sono importanti comunque.

La certezza dell'indizio, si legge, non va confusa con la certezza del fatto da provare, giacché ciò che caratterizza l'indizio è proprio l'ambiguità.

«Nel caso di specie è certo che Bossetti anche nei giorni immediatamente successivi alla scomparsa di Yara, quando i suoi familiari si confrontavano sui loro movimenti di quella sera, tacque a tutti dove fosse stato; è certo che sulla sua cute e all'interno delle ferite sono state rinvenute numerosissime particelle di calce con cui la ragazza non può essersi contaminata che nel contesto dell'azione omicidiaria o poco prima (e l'imputato è muratore); è certo che sui vestiti di Yara c'era un concentrato di sferette metalliche che non può essere spiegata se non con il contatto con una persona o il passaggio in un ambiente (quale è l'autocarro di proprietà dell'imputato) altamente contaminati da esse. Ciascuno di questi elementi isolato è suscettibile di letture diverse, ma se valutato unitamente agli altri converge in un'unica direzione, che è quella tracciata dalla prova genetica, di per sé sufficiente, anche in via autonoma, a fondare il giudizio di colpevolezza.»

La motivazione poi spiega come siano inutilizzabili i tentativi di proporre i Dna ignoti trovati sui guanti e quelli mitocondriali che non sono identificativi.

Bossetti, comunque, dalla Corte di Assise viene assolto per la calunnia nei confronti di Massimo Maggioni. I giudici ritengono che l'aver Bossetti accusato il collega di aver preso il suo sangue per metterlo sul corpo di Yara e farlo accusare è un'accusa talmente grottesca da non giustificare il reato di calunnia. Per di più, con tutti gli accertamenti del caso, mai la Procura fu indotta dopo tali affermazioni a indagare Massimo Maggioni. Quindi l'assoluzione avviene perché il fatto-calunnia non sussiste.

Bossetti è stato anche condannato a pagare le spese processuali e a risarcire i parenti di Yara, inoltre al decadimento della patria potestà sui figli e all'interdizione perpetua dai pubblici uffici.

Dottoressa Bruzzone, cosa pensa dell'esito del processo a Massimo Giuseppe Bossetti?

Massimo Giuseppe Bossetti ha ucciso Yara Gambirasio. Ce lo confermano anche i Supremi Giudici con una precisione davvero straordinaria. Nelle 155 pagine gli Ermellini supremi hanno demolito sul piano sostanziale, senza mezzi termini, una dopo l'altra, tutte le «doglianze» difensive, a cominciare dalla tanto sbandierata «mancata perizia genetica». Sul punto i giudici così smentiscono che di tale accertamento vi fosse bisogno dal momento che «numerose e varie analisi biologiche effettuate da diversi laboratori hanno messo in evidenza la piena coincidenza identificativa tra il profilo genetico di Ignoto 1, rinvenuto sulla mutandine della vittima, e quelle dell'imputato». E i giudici spiegano bene anche quando si può legittimamente richiedere perizia ossia quando vi è «evidenza dell'utilizzo di una metodica errata o superata e dell'esistenza di un metodo più recente e più affidabile». Ma, secondo i supremi giudici, «nulla di tutto questo emerge dagli atti». Ma non è tutto. I giudici così affrontano una delle ipotesi difensive più sbandierate, quella della creazione in laboratorio del Dna di Bossetti: «Visto che la difesa ha utilizzato l'argomento anche in sede extra processuale, è bene chiarire che la genericissima ipotesi della creazione in laboratorio del Dna dell'imputato, oltre ad appartenere alla schiera delle idee fantasiose prive di qualsiasi supporto scientifico e aggancio con la realtà, è manifestamente illogica». E in merito al principale «cavallo di battaglia» mediatico della difesa, il presunto complotto ordito ai danni di Bossetti, così leggiamo in sentenza: «Se si volesse seguire la tesi complottista legata anche alla necessità di dare in pasto all'opinione pubblica un responsabile, è evidente che – ammessa solo per ipotesi la reale possibilità di creare in laboratorio un Dna – si sarebbe creato un profilo che immediatamente poteva identificare l'autore del reato senza attendere, come invece è accaduto, ben tre anni». Alla stessa stregua, ossia fantasiosa, viene considerata «l'ipotesi di una contaminazione volontaria da parte di terzi prima del ritrovamento del corpo della vittima». Ergastolo confermato. Caso chiuso.

Qualche tempo dopo è arrivata, com'era ampiamente prevedibile, anche l'ennesima pietra tombale sul caso di Massimo Giuseppe Bossetti. La Corte Europea di Strasburgo ha respinto il ricorso presentato dalla difesa di Bossetti dichiarandolo inammissibile. Nessuna violazione è stata riscontrata neppure in quella sede. Processo e inchiesta si sono svolti in maniera perfettamente regolare, come sapevamo già benissimo del resto. E la decisione deve aver messo a dura prova in particolare uno dei legali di Bossetti, Claudio Salvagni, che, durante la trasmissione *Quarto Grado* andata in onda a ridosso del rigetto, si è scagliato duramente contro il conduttore Gianluigi Nuzzi (che, va detto, l'ha rimesso al suo posto senza troppa fatica) per aver diffuso la notizia dell'ennesima sconfitta per la difesa di Bossetti. Stando a quanto ha riferito Salvagni in quell'occasione, lui sapeva solo da due o tre giorni (non ha saputo essere più preciso) della decisione della Corte e non era ancora riuscito a comunicarla al suo assistito Bossetti, che all'epoca stava già scontando la pena definitiva all'ergastolo per l'omicidio di Yara Gambirasio nel carcere di Bollate. Insomma, il legale si lagnava di non aver avuto il tempo, a suo dire, di informare Bossetti personalmente. Eppure, della notizia c'era già riscontro almeno dalla settimana precedente, come puntualmente precisa l'inviato del programma, mail alla mano.

Ma torniamo al ricorso rigettato perché ritenuto inammissibile. In poche righe la CEDU liquida la questione affermando che «la richiesta Bossetti c. Italie (no. 201510/19) è stata dichiarata inammissibile da una giuria a Giudice Unico nel settembre 2019. Il rappresentante del richiedente è stato informato di ciò tramite lettera. Tale lettera definiva che, alla luce di tutto il materiale in suo possesso e nella misura in cui le materie contestate erano di sua competenza, la Corte riscontrò che i criteri di ammissibilità specificati negli articoli 34 e 35 della Convenzione Europea sui Diritti Civili non erano stati raggiunti». E parliamo dell'art. 34 e 35 che così recitano: «La Corte può essere investita di un ricorso da parte di una persona fisica, organizzazione non governativa o gruppo di privati che sostenga d'essere vittima di una violazione da parte di una delle Altre Parti contraenti dei diritti riconosciuti nella Convenzione o nei suoi protocolli», ma soprattutto (art 35) che "è irricevibile ogni ricorso individuale se è incompatibile con le disposizioni della Convenzione o dei suoi Protocolli, manifestamente infondato o abusivo; o il ricorrente non ha subito alcun pregiudizio importante"». Ed evidentemente il ricorso presentato dalla difesa di Bossetti rientrava ampiamente nei requisiti che sanciscono la inammissibilità. Insomma, anche questa strada si è rivelata senza uscita.

Ora resta un'unica via da percorrere, ossia quella, assai complessa, dell'istanza di revisione del processo. E la difesa si dice intenzionata a tentare anche questa strada, con quali elementi ancora non è dato saperlo. Personalmente non credo esista la benché minima possibilità di ribaltare l'esito di questo processo che si è basato su elementi a dir poco granitici ed univoci. Di presunte piste alternative in questa storia sentiamo parlare ormai da almeno cinque anni e si sono rivelate sempre, invariabilmente, prive del benché minimo fondamento. Come tutti sanno perfettamente, l'inchiesta, prima, e il processo, poi, non hanno lasciato spazio a dubbi di alcun genere sulla colpevolezza di quest'uomo che, nonostante tutto, continua ostinatamente a proclamarsi innocente. Anche se non lo è, come ormai sappiamo bene.

Ma non è tutto. Perché nei mesi scorsi c'è stato un altro sviluppo nella vicenda con l'iscrizione della PM Letizia Ruggeri nel registro degli indagati in seguito a una denuncia presentata dai legali di Bossetti. È bene chiarirlo in partenza: l'iscrizione nel registro degli indagati della dottoressa Letizia Ruggeri, la PM che ha magistralmente coordinato l'indagine che ha portato all'individuazione, prima, e alla condanna definitiva, poi, di Massimo Giuseppe Bossetti per il brutale omicidio di Yara Gambirasio, nulla cambia, né tantomeno cambierà, in merito al destino processuale di Bossetti. Ergo, per essere più chiari, questa inchiesta, a mio avviso destinata a concludersi con l'archiviazione delle accuse mosse dalla difesa di Bossetti alla PM Ruggeri, non ha nessuna influenza sul processo «madre», ossia quello che si è concluso nel 2018 con la condanna in Cassazione all'ergastolo a carico di Bossetti. Tutto nasce dalla denuncia depositata dai difensori di Bossetti contro il giudice e la cancelliera dell'ufficio Corpi di reato del Tribunale di Bergamo. La Procura di Venezia, competente per quanto riguarda i magistrati in servizio a Bergamo, aveva ritenuto infondate le accuse contro i due indagati e aveva chiesto l'archiviazione. A quel punto la difesa ha presentato istanza di opposizione puntando il dito contro la PM Ruggeri perché, secondo loro, lei avrebbe fatto trasferire i 54 reperti (in sostanza dei rimasugli ammuffiti da sempre valutati come ininfluenti) dal San Raffaele (dove erano crioconservati) all'ufficio reperti del Tribunale di Bergamo, «con coscienza e volontà», ossia per impedire nuove analisi che, secondo la difesa, avrebbero potuto scagionare Bossetti. Ma si tratta di un'accusa del tutto priva di fondamento, a mio avviso, per una serie di ragioni, sia scientifiche che giuridiche. Nessun nuovo esame su nessun nuovo reperto potrebbe mai mettere in discussione ciò che le analisi del Ris di Parma hanno ampiamente confermato, ossia che sulle mutandine della vittima c'era il Dna di Bossetti. E solo il suo. Con buona pace della difesa che non è mai riuscita a scalfire l'affidabilità di tale accertamento.

Capitolo Nono

Le sentenze di Appello e di Cassazione: Bossetti è colpevole oltre ogni ragionevole dubbio

Fa di nuovo caldo, ed è di nuovo luglio, ma un anno dopo, 2017, quando inizia davanti alla Corte d'Appello di Brescia il processo bis a Massimo Giuseppe Bossetti. Già condannato all'ergastolo in primo grado a Bergamo il muratore di Mapello deve di nuovo rispondere dell'omicidio di Yara Gambirasio avvenuto il 26 novembre 2010. I motivi dell'Appello presentati dai suoi legali Claudio Salvagni e Paolo Camporini verranno discussi in sole quattro udienze, aperte al pubblico.

Ricordo ancora quando arrivarono in aula la moglie Marita Comi e la mamma Ester Arzuffi che accompagnata dalla sorella Laura Letizia erano inappuntabili e perfette come non mai. La donna probabilmente si era «vestita a festa» per mostrarsi alle telecamere come la «pasionaria» del caso e soprattutto per lanciare un saluto al figlio Massi che la guardava dalle sbarre della gabbia dell'ampia aula. Gli avvocati Claudio Salvagni e Paolo Camporini avevano racchiuso in poco più di cento pagine le motivazioni dell'Appello e le hanno lette con solennità nella prima udienza: in breve esse si basavano sulla presunta indeterminatezza del capo di imputazione; violazione degli artt. 224 bis e 359 bis c.p.p. del prelievo di campione di saliva dell'imputato dal boccaglio dell'etilometro il giorno prima dell'arresto; inutilizzabilità di tutti gli atti d'indagine compiuti dopo la scadenza del termine di mesi sei dall'iscrizione della notizia di reato a seguito di mancata proroga; nullità dei risultati delle indagini eseguite dal Ris di Parma sui campioni di materiale genetico prelevati dal cadavere di Yara Gambirasio, sugli slip e sui leggins per violazione dell'art. 360 c.p.p., in quanto il PM aveva utilizzato per il compimento di accertamenti potenzialmente irripetibili lo strumento della delega delle indagini anziché quello della consulenza.

Tutte motivazioni molto tecniche che tendevano a ribaltare la sentenza.

In particolare, i difensori del muratore puntavano a smontare la correttezza della rilevazione del Dna dell'allora indagato e poi la correttezza delle operazioni che avevano portato ad isolare e poi identificare il Dna che aveva condotto all'imputato.

L'indeterminatezza del capo di imputazione si riferiva al fatto che – secondo loro – non era stato stabilito in primo grado se Yara era stata sequestrata e poi uccisa in sequenza e quindi se l'imputato dovesse rispondere di sequestro di persona o omicidio. Questioni comunque superate nella sentenza di primo grado.

Il giudice Enrico Fischetti, che presiedeva la Corte, tuttavia li ha ascoltati con attenzione dando loro tutto il tempo possibile, permettendo persino che, durante la seconda udienza, potessero chiedere di acquisire le immagini riprese dal satellite del campo di Chignolo nei primi giorni di gennaio in quanto – a loro dire – non mostravano il cadavere di Yara Gambirasio.

Quelle foto – anticipate da una tv – non sono state poi acquisite dai giudici d'Appello perché considerate ininfluenti. Tuttavia noi che le abbiamo esaminate abbiamo potuto apprezzare un'ombra ritratta in mezzo al campo, che aveva tutta l'aria di somigliare al cadavere della bambina nella posizione in cui sappiamo fu trovato.

Nell'arringa i difensori avevano a lungo disquisito sui dati grezzi che loro avevano acquisito durante il processo di primo grado dal Ris confermando che erano inutilizzabili e comunque mostravano solo gli errori degli esami del Dna. Insomma in quelle poche udienze nulla che non fosse già stato sviscerato in primo grado fu dibattuto o rivisto e alla fine i giudici hanno confermato la colpevolezza dell'imputato e lo hanno condannato per la seconda volta all'ergastolo.

Al capitolo «Valutazione e rigetto delle eccezioni da parte della Corte di Assise di Appello di Brescia» si legge:

«In presenza della sicura prova genetica e degli altri elementi indiziari precedentemente elencati, l'individuazione di un preciso movente non è essenziale. È ininfluente dare dimostrazione di un motivo per aver commesso il delitto, che è sicuramente esistito e può essere qualunque, essendo diverse per intensità le ragioni di un individuo di commettere un crimine e potendo uccidere anche per un motivo banale o da altri ritenuto futile. Il movente, secondo la Corte visti tutti gli indizi nella loro complessità, può essere circoscritto nell'area delle avances sessuali respinte, della conseguente reazione dell'aggressore a tale rifiuto, unita al sicuro timore dello stesso di essere riconosciuto per aver commesso qualcosa di grave nei confronti della ragazza».

Tra l'altro si dà importanza anche ad altri indizi come le risultanze delle consulenze informatiche per determinare il movente e si parla di «un interesse insistente dell'imputato per adolescenti in età puberale, dall'esame del contenuto delle lettere che Bossetti inviava alla detenuta Gina dal contenuto spinto (lettere che invece non furono acquisite in primo grado), a dimostrazione delle pulsioni sessuali spinte dell'imputato, dall'evidente assenza di rapporti sessuali dell'imputato con la moglie in quel periodo a causa dei continui litigi e dal fatto che l'imputato si aggirava da diversi minuti col suo autocarro nelle vicinanze della palestra, il giorno della scomparsa, in attesa di qualcuno».

La Corte riassume in poche pagine il fatto reato e le motivazioni della condanna:

«La traccia repertata sugli slip della vittima è stata ed è il principale oggetto di dibattito; in particolar modo si discute sul grado di affidabilità scientifica, dato che mostra chiaramente che il Dna nucleare è ascrivibile all'imputato. La difesa, nell'appellarsi, solleva diverse obiezioni in particolar modo sui risultati delle analisi del Dna mitocondriale (mtDna). Tali obiezioni, se pur giustamente dovute, non inficiano però il risultato. La prima cosa che bisogna assolutamente capire è che il Dna nucleare è costituito da una metà proveniente dal padre e una metà dalla madre ed è altamente identificativo. Si chiama nucleare perché si trova nel nucleo! Il mtDna si trova nel mitocondrio! Nucleo e mitocondrio sono due scompartimenti separati presenti all'interno di una stessa cellula. Il mtDna è presente in grandi quantità in un'unica cellula ma varia in quantità tra cellule di uno stesso tessuto, ma anche tra i diversi tessuti».

Il sillogismo è chiarissimo: se tutte le cellule eucariotiche hanno al loro interno sia il Dna mitocondriale sia il Dna nucleare, allora non aver trovato il mitocondriale non significa che esso non fosse presente, ma semplicemente che non l'hanno trovato. A mio parere ciò può esser dovuto non solo alla presenza di un quantitativo di mtDna della vittima di gran lunga superiore rispetto a quello dell'imputato, ma anche alle differenti tecniche che vengono utilizzate ad oggi in genetica forense, la quale predilige il Dna nucleare, perché è l'unico identificativo, unico dell'individuo. Ciò per sottolineare la più alta sensibilità delle tecniche utilizzate per la ricerca e l'analisi del Dna nucleare. La presenza del profilo genetico di Bossetti è un dato confermato e rinforzato da elementi ulteriori, indizianti, compatibili con tale dato e tra loro:

La collocazione del Dna su slip e leggins è chiara prova della sua presenza.

La calce, le fibre e le sferette, caratteristici di chi lavora nel settore edilizio, sono elementi privi di capacità individualizzante ma convergono in un'unica direzione.

I tabulati telefonici lo collocavano nella zona.

Il ritrovamento su computer di file contenenti immagini pornografiche di ragazze e ragazzine e la visione di siti pedopornografici rafforzano l'ipotesi di un possibile movente a sfondo sessuale. Dalle intercettazioni di conversazioni si evince che Bossetti rincasò più tardi del solito e che neppure nell'immediato, non solo a quattro anni di distanza, disse alla moglie cosa avesse fatto e dove fosse stato quella sera.

Per tutti questi elementi a costituire il quadro generale, Massimo Giuseppe Bossetti è stato condannato all'ergastolo per l'omicidio di Yara Gambirasio, con l'aggravante di aver adoperato sevizie e di aver agito con crudeltà e con l'aggravante di avere profittato di circostanze di tempo (ore serali/notturne), di luogo (campo isolato) e di persona (uomo adulto contro tredicenne) tali da ostacolare la pubblica e privata difesa.

La Cassazione ritiene inammissibile il ricorso dei legali di Bossetti. Ora è davvero finita.

Il terzo e ultimo atto del processo a Massimo Bossetti si compie davanti alla Corte di Cassazione ad ottobre di due anni dopo. Io non partecipo all'udienza perché a Roma si trova il mio collega, ma ovviamente seguo tutto e poi recupero le motivazioni per scriverne. Ma quella sera, eccezionalmente, tutte le tv si sono collegate con il Palazzaccio romano e all'esterno ci sono in attesa i numerosi giornalisti accorsi da ogni dove.

Il verdetto arriva tardi ma non ci sono sorprese o colpi di scena. La Cassazione dichiara inammissibile il ricordo della difesa e conferma le condanne all'ergastolo di primo e secondo grado per Bossetti. Ancora una volta una pietra tombale viene posta sulla certezza di quel Dna nucleare e delle analisi che hanno portato all'individuazione del responsabile di quella contribuzione sugli indumenti intimi della vittima.

«Numerose e varie analisi biologiche effettuate da diversi laboratori hanno messo in evidenza la piena coincidenza identificativa tra il profilo genetico di Ignoto 1, rinvenuto sulla mutandine della vittima, e quelle dell'imputato» – scrive la Cassazione nelle motivazioni della sentenza a Massimo Bossetti, condannato all'ergastolo per l'omicidio di Yara Gambirasio. – L'evidenza scientifica ha valore di prova piena.»

In 155 pagine la Cassazione risponde ai venti motivi di ricorso della difesa, che sollevava diverse obiezioni, contestando la prova del Dna, la «catena di custodia», i kit utilizzati. La Cassazione biasima i «reiterati tentativi di mistificazione degli elementi di fatto», «amplificate da improprie pubbliche sintetizzazioni».

«La probabilità di individuare un altro soggetto con lo stesso profilo genotipico», evidenza la Corte, equivale a «un soggetto ogni 3.700 miliardi di miliardi di miliardi di individui». «I giudici di merito – si legge nella sentenza – hanno correttamente affermato che il profilo genetico è stato confermato da ben 24 marcatori», evidenziando «a maggiore tutela dell'imputato, che la certezza dell'identificazione è particolarmente solida», in quanto le linee guida scientifiche individuano un soggetto «con l'identità di soli 15 marcatori». Rispondendo all'obiezione sulla catena di custodia, la Corte afferma che il Dna di Bossetti «non era presente nelle banche dati all'epoca disponibili e che sono state ampiamente e ripetutamente consultate proprio allo scopo di identificare Ignoto 1, sicché è impossibile ipotizzare una contaminazione dei reperti prelevati all'inizio del 2011 con il profilo dell'imputato che è stato acquisito soltanto tre anni dopo».

Quanto alla richiesta della difesa di una perizia, i giudici spiegano che vi si ricorre in caso di «evidenza dell'utilizzo di una metodica errata o superata e dell'esistenza di un metodo più recente e più affidabile»: tuttavia... «nulla di tutto questo emerge dagli atti».

Sappiamo che ancora la difesa ha continuato ad insistere sul punto e addirittura ricorrerà alla Corte Europea dei Diritti dell'Uomo paventando violazioni inesistenti del diritto di difesa. A settembre 2019 la decisione della Corte dell'Aja: il ricorso dei legali di Bossetti è inammissibile. «La richiesta Bossetti c. Italie (no. 201510/19) è stata dichiarata inammissibile da una giuria a Giudice Unico nel settembre 2019. Il rappresentante del richiedente è stato informato di ciò tramite lettera. Tale lettera definiva che, alla luce di tutto il materiale in suo possesso e nella misura in cui le materie contestate erano di sua competenza, la Corte riscontrò che i criteri di ammissibilità specificati negli articoli 34 e 35 della Convenzione Europea sui Diritti Civili non erano stati raggiunti». In particolare, l'articolo 34 stabilisce che «la Corte può essere investita di un ricorso da parte di una persona fisica, organizzazione non governativa o gruppo di privati che sostenga d'essere vittima di una violazione da parte di una delle Altre Parti contraenti dei diritti riconosciuti nella Convenzione o nei suoi protocolli». In questo caso, dunque, non ha ravvisato alcuna violazione delle Corti di Assise e di Appello.

Inoltre, l'articolo 35 fissa che è «irricevibile ogni ricorso individuale» se «è incompatibile con le disposizioni della Convenzione o dei suoi Protocolli, manifestamente infondato o abusivo; o il ricorrente non ha subito alcun pregiudizio importante». E questo è il caso perché in nessun punto delle sentenze si ravvisano violazioni.

Dottoressa Bruzzone, in cosa ha sbagliato la difesa di Bossetti?

A mio avviso la difesa di Bossetti ha commesso una serie di errori piuttosto rilevanti, a cominciare dalla ostinata determinazione mostrata nel voler demolire (senza mai riuscirci) quella che possiamo certamente considerare la prova regina a carico di Massimo Giuseppe Bossetti, ossia il suo profilo genetico repertato sugli indumenti intimi della vittima. I giudici di tutti e tre i gradi di giudizio hanno severamente censurato a più riprese le scelte difensive messe in atto dai legali di Bossetti. Emerge infatti in maniera evidente la durezza con cui i giudici commentano l'operato della difesa durante le varie fasi del procedimento. Nessun fronte viene risparmiato: dall'atteggiamento in aula a quello mantenuto a favor di telecamera senza trascurare l'insussistenza delle argomentazioni tecniche avanzate a sostegno della loro improbabile tesi difensiva. Gli aggettivi «fantasiose, irrazionali, irrealistiche» tornano più volte nella descrizione che i giudici fanno delle tesi difensive in tutti i gradi di giudizio. Per esempio, ricordano alla difesa che il famoso genetista Peter Gill, quello la cui consulenza secondo Salvagni avrebbe potuto cambiare le sorti del processo, con la difesa si è limitato probabilmente a fare «una semplice chiacchierata di cui non v'è traccia documentale». Difficile poi dimenticare alcuni passaggi di questa vicenda, che si sono consumati soprattutto all'esterno delle aule di giustizia. Un episodio in particolare torna alla mente con la medesima vividezza della giacca di tweed rossa indossata da uno dei difensori di Bossetti, l'avvocato Salvagni, che, megafono alla mano, si rivolgeva ad una sorta di armata Brancaleone di innocentisti irriducibili, tanto sgangherata quanto rumorosa, nella pubblica piazza per sostenere le sue «ragioni». In quel frangente, l'obiettivo del legale era quello di rendere note a tutti «le (presunte) ingiustizie processuali subite da Massimo», all'epoca già condannato anche in Appello all'ergastolo per il brutale delitto di Yara Gambirasio. Indubbiamente la scelta di affrontare il processo in Corte d'Assise con rito ordinario, in un'epoca in cui sarebbe stato ancora possibile per Bossetti usufruire della possibilità di essere processato con rito abbreviato ottenendo così un sostanzioso sconto di pena di un terzo (quindi una condanna assai realistica a 30 anni di carcere al posto dell'ergastolo) forse non è stata la più lungimirante. Francamente ho sempre avuto grosse perplessità sulla scelta della difesa di Bossetti di non richiedere un incidente probatorio per quanto riguardava l'esame del Dna già in fase di indagine preliminare visto che, poi, l'elemento cruciale che hanno utilizzato in chiave difensiva riguardava proprio la messa in discussione di tale accertamento. Accertamento che è divenuto prova in dibattimento e che, va detto, la difesa di Bossetti non è riuscita mai, neppure lontanamente, a scalfire né sotto profilo metodologico né sotto il profilo identificativo. Chissà se, dopo tutte le condanne e dopo aver incassato anche un sonoro diniego dalla CEDU, come abbiamo già visto, lo stesso Salvagni si sia mai domandato se una strategia di comunicazione e difensiva decisamente più sobria (sia dentro che fuori dalle aule) avrebbe potuto evitare al suo assistito la condanna all'ergastolo, ossia la punizione più severa prevista dal nostro ordinamento giuridico.

LA LUNGA STORIA DEI PRESUNTI REPERTI E DELLE «PROVETTE» DEL PROCESSO BOSSETTI

Uno dei motivi per cui questo caso, al di là della verità processuale, ossia la condanna di Bossetti, che è e resta «tombale», si continua a parlare riguarda la presunta (assai) cattiva conservazione di alcuni reperti da cui fu estratto il Dna di Ignoto 1, poi identificato in Massimo Giuseppe Bossetti, e il presunto (e assai fantasioso) «depistaggio» attuato dalla Procura. Nei primi giorni dell'anno 2023, quindi poco prima che il nostro saggio è andato in stampa, il Gup di Venezia, competente territorialmente per i magistrati bergamaschi, ha iscritto nel registro degli indagati il PM Letizia Ruggeri, per frode processuale e depistaggio.

Una scelta sicuramente non facile, considerata quasi un atto dovuto dalla Procura veneziana e a garanzia dell'indagata che in questo modo, ancora una volta, potrà far valere le sue ragioni. Nel caso del magistrato che ha risolto l'omicidio di Yara Gambirasio, facendo condannare all'ergastolo Massimo Bossetti, il nodo è se sia responsabile della cattiva conservazione a detta di Bossetti e dei suoi legali dei reperti del caso.

Infatti, Bossetti aveva presentato una denuncia contro il giudice e la cancelliera dell'ufficio Corpi di reato del Tribunale di Bergamo, e la Procura di Venezia aveva chiesto l'archiviazione. Ma la difesa del muratore si è opposta alla decisione e ha chiamato in causa la PM Ruggeri.

Secondo i legali Claudio Salvagni e Paolo Camporini la Ruggeri aveva deciso di trasferire i campioni di Dna «avanzati» dalle analisi fatte durante l'inchiesta, dall'ospedale San Raffaele di Milano, dove erano custoditi, all'ufficio Corpi di reato di Bergamo. I campioni erano 54 e contenevano tracce biologiche miste.

Ma come è andata veramente?

L'11 marzo 2019, sei mesi dopo la sentenza definitiva del 12 ottobre 2018, il PM Ruggeri riceve una richiesta dai Carabinieri del Nucleo investigativo di Bergamo: cosa dobbiamo fare di tutti i reperti dell'indagine? Le sentenze nulla hanno disposto. All'istituto San Raffaele di Milano, inoltre, ci sono ancora i 54 campioni di Dna residui, inviati nel 2013 per cercare di ricostruire il genoma completo di Ignoto 1, per scoprire indizi come particolari malattie. Il PM chiede al presidente della sezione penale (allora Gaetano Buonfrate) l'autorizzazione a depositare i reperti e le 54 provette all'ufficio Corpi di reato che, di regola, li riceve a indagini in corso. Nel passaggio tra i giudici (il presidente poi è Petillo), il 18 settembre 2019 il tribunale dà il via libera al deposito. Il PM avvisa i Carabinieri, anche di andare a prelevare le 54 provette.

Il 21 novembre, il professor Giorgio Casari del San Raffaele consegna ai Carabinieri le 54 provette che aveva ricevuto il 28 febbraio 2013. I militari le custodiscono fino al deposito all'ufficio Corpi di reato, il 2 dicembre. A quel punto il PM ne chiede la confisca, che verrà firmata dal presidente Petillo il 15 gennaio 2020.

Il 26 novembre, i difensori di Bossetti, Claudio Salvagni e Paolo Camporini, chiedono di poter analizzare reperti e campioni. Inizia il loro peregrinare tra Bergamo e la Cassazione, anche per visionare lo stato di conservazione del Dna. Hanno ricevuto sette no.

Il procuratore Antonio Chiappani pone la domanda conoscendo già la risposta: «Mi chiedo quale norma imponga il mantenimento dei reperti di indagine all'infinito, dopo il passaggio in giudicato di una sentenza». Le regole principali sono due. L'articolo 262 del codice di procedura penale: «Dopo la sentenza non più soggetta a impugnazione, le cose sequestrate sono restituite a chi ne abbia diritto, salvo che sia disposta la confisca». E l'articolo 86 delle norme di attuazione del codice di procedura penale, secondo cui il giudice può anche disporre la distruzione delle cose confiscate se la vendita non è opportuna.

Gli avvocati sostengono che, nel passaggio a Bergamo, sia stata interrotta la necessaria catena del freddo, con il rischio di compromettere il materiale.

Secondo gli avvocati del carpentiere di Mapello, se la Procura di Venezia dovesse mandare a processo la Ruggeri e poi lei fosse condannata, a quel punto per loro potrebbe aprirsi la concreta possibilità di richiedere di rianalizzare quei reperti e tentare una revisione del processo.

Il punto è che la regola generale per la revisione di un processo è chiara: servono nuovi elementi di prova, quindi novità sostanziali rispetto al merito dell'accusa, oppure è necessario evidenziare prove già emerse ma trascurate, o ancora dimostrare che le condanne sono conseguenze di falsità in atti. Non ci sembra il caso, da quello che anche i lettori hanno potuto leggere nel nostro saggio sul processo e sulle indagini. Le analisi furono ripetute più volte rispetto a quelle consentite e la risposta fu sempre la stessa: Ignoto 1 è Bossetti. Se pure ci fossero nuove analisi su quei famosi reperti avanzati, non farebbero che dare la stessa identica risposta. Ergo, caso chiuso, ancora una volta.

Ringraziamenti

Vogliamo ringraziare gli avvocati della famiglia Gambirasio, Enrico Pelillo e Andrea Pezzotta, per averci fornito le trascrizioni delle udienze dei processi.

Un ringraziamento particolare a Paola Lo Cicero per aver ideato la copertina.

Indice

Prefazione di Marina Baldi 7

Antefatto
Yara è scomparsa 9

Capitolo Primo
Autopsia di un'indagine coraggiosa 13

Capitolo Secondo
I cadaveri parlano a chi li sa ascoltare 39

Capitolo Terzo
Le tessere del puzzle 55

Capitolo Quarto
Sulle tracce del padre di Ignoto 1 92

Capitolo Quinto
Il cerchio si stringe intorno a Massimo Giuseppe Bossetti 107

Capitolo Sesto
Scattano le manette per Bossetti. Ma non è ancora finita 116

Capitolo Settimo
Massimo Giuseppe Bossetti, detto «il Favola» 132

Capitolo Ottavo
La sentenza di primo grado: Massimo Bossetti
è colpevole oltre ogni ragionevole dubbio 172

Capitolo Nono
Le sentenze di Appello e di Cassazione: Bossetti
è colpevole oltre ogni ragionevole dubbio 187

Appendice
La lunga storia dei presunti reperti e delle «provette»
del Processo Bossetti 195

Ringraziamenti 199